POÉSIES COMPLÈTES

RIMBAUD

Poésies complètes

PRÉFACE, COMMENTAIRES ET NOTES
PAR DANIEL LEUWERS

LE LIVRE DE POCHE

Daniel Leuwers est professeur de littérature française à l'Université de Tours.
Il est l'auteur d'ouvrages et d'études sur Pierre Jean Jouve et la poésie contemporaine. Il a établi plusieurs éditions (Fromentin, Mallarmé, Alain-Fournier) dans Le Livre de Poche, et collabore régulièrement à *La Nouvelle Revue française*.

PRÉFACE

Héritière de Victor Hugo et de Baudelaire, la poésie française profile dans son sillage la fugace silhouette d'Arthur Rimbaud. Mais le génie précoce récuse très vite les filiations et rejoint, d'un trait, les crêtes acérées du langage. Seul Lautréamont pourrait lui faire cortège, qui a, comme lui, le don blasphématoire et l'éclat du désastre.

Dès ses premiers poèmes, Rimbaud insulte et dénonce. La verve parodique de cet adolescent tourmenté recourt volontiers au détail scatologique. L'étouffant univers maternel et l'ennuyeuse province sont répudiés à coups de rimes. Rimbaud se délivre du pesant fardeau catholique avec une vive insolence renforcée par le don très rare qu'a le poète de contempler ses fugues ascensionnelles. Stimulé par le vent de la Commune, il prend conscience d'un fabuleux pouvoir qui le conduit parfois aux confins secrets de la fabulation.

Mais, à mesure que son œuvre prend de l'essor, Rimbaud se détourne de l'insolence provocatrice. Il commence à endurer les souffrances de son orageuse amitié avec Verlaine, qu'il voile aussitôt d'un chant poétique purifié. La « honte » s'y métamorphose en un rêve d'« âge d'or ». Les *Derniers vers* de Rimbaud s'ouvrent à la magie d'un verbe en alchimie. Cependant, ces envolées tournent court, à l'image de la liaison avec Verlaine qui, sueur et sang mêlés, s'éteint en spasmes de lassitude.

C'est à ce moment que le catholicisme, autrefois révoqué, vient proposer son baume charitable que le poète repousse rageusement. Déçu dans sa quête d'absolu, il opère un retour sur ses « délires » anciens et fustige ses vaines ambitions. Dans *Une saison en enfer*, les accents de l'authentique souffrance se mêlent aux notes complices d'« un opéra fabuleux » dans lequel Pierre Jean Jouve voit « la fonction de l'art entré dans la source inconsciente et jouant avec son abîme ». La poésie côtoie alors les gouffres sur lesquels elle s'inscrit.

Au terme de cette lutte, une aube se profile, qui illumine le tertre d'un déluge salvateur. Le poète d'*Illuminations* se sent de nouveau le pouvoir de caresser le galbe de l'inconnu en vertige, de s'enfoncer aux flancs éclatés du mystère. Maintes « proses » retrouvent le goût de l'apostrophe railleuse et de l'ellipse provocante. Rimbaud nous provoque pour mieux nous conquérir. Il nous convie au flux mystérieux de l'échange dans le raccourci de son intuition. Tension extrême, la poésie nous ouvre alors — ultime étape vers le silence — les sentiers élargis du désir et leur terrible dénégation.

*

Arthur Rimbaud a toujours emprunté les sentiers de la fuite. Sa vie, tentative renouvelée de départs absolus, est ponctuée de retours contraints. Dans son œuvre, Rimbaud entreprend une infatigable fugue vers l'ailleurs. Il accomplit la remontée fougueuse des fleuves de l'impossible amour, s'aide des berges de l'angoisse nourricière et s'enfonce dans le « silence atrocement houleux » des eaux meurtrières. Sa quête passionnée s'assortit cependant d'une puissante envolée aux promontoires qui surplombent et regardent.

Bohème jamais assouvie, l'œuvre de Rimbaud s'avoue pressée « de trouver le lieu et la formule ». Elle aime « la terrible célérité de la perfection des formes et de l'action » et rêve d'« élan insensé et infini aux splendeurs invisibles ». Pour fuir la prison du quotidien et pour forcer le parapet des apparences, Rimbaud a la flamme aiguisée de l'éclair. Son mot ne dit pas, il devance. « La Poésie ne rhythmera plus l'action ; elle *sera en avant*[1]. » Signes avant-coureurs, poésie d'éclaireur.

Rimbaud veut percer le secret de son adolescence meurtrie. Si la création lui fait d'abord entrevoir un glorieux horizon parisien qui contraste avec l'ombre bouchée de Charleville, elle se transmue rapidement en exigence extrême. Une aile a l'ambition, mais l'autre a le génie. Rimbaud ne se laisse pas longtemps séduire par les fleurs d'une rhétorique fanée. Les échos livresques qui le bercent ne l'interpellent pas. Aussi brise-t-il sans regret ses chaînes parnassiennes, de même qu'il rompt les amarres avec la convention bourgeoise. C'est un besoin vital pour lui que de s'encrapuler, de bousculer l'établie demeure sociale, de piétiner la colonnade chrétienne. Sa vigilante intuition exige un « dérèglement raisonné de tous les sens », une quête effrénée de l'inconnu.

Mais Rimbaud sait que « la première étude de l'homme qui veut être poète est sa propre connaissance, entière[2] ». L'inconnu n'a donc pas forcément les charmes exotiques du brûlant lointain ; il gît au cœur énigmatique du poète, invité dès lors à n'emprunter que des sentiers intérieurs. Rimbaud marche dans le mystère de soi et progresse, en aveugle inspiré, dans les méandres de sa création. Aux prises avec l'irritante finitude humaine, il la dépasse dans l'élan de son verbe éclaireur. Ses poèmes les plus accomplis — surtout ceux d'*Illuminations* — allument une étincelle dans la nuit du futur. Le poète tient alors dans ses mains le feu de l'avenir ; feu qu'il ne peut expliquer, mais qu'il se doit d'exprimer.

Les sentiers inconnus que Rimbaud arpente de son pas prophétique ne sont pour lui que noirs labyrinthes ; ils ne mènent nulle part et s'effacent devant une frontière que le créateur ne peut franchir mais dont son œuvre nous révèle

1. Lettre du voyant.
2. Lettre du voyant.

l'abyssale profondeur. Le désir du poète y écoute résonner
les salves désespérées de son écho ; étrange mouvement d'osmose par lequel le langage accomplit ce que la vie
réprime. « Le poème est l'amour réalisé du désir demeuré
désir [1] », écrit René Char ; cet aphorisme caractériserait bien
la dynamique contradictoire de l'œuvre rimbaldienne, rêve
d'impossible évasion et soudain épanouissement dans
l'horizon aimanté de l'écriture.

*

L'invitation poétique est toujours secrète. Sa force est à la
mesure de sa mystérieuse ambiguïté. Chez Rimbaud, l'instinct provocateur a double pouvoir d'attirance et de répul-
sion. Coup de bélier dans le corps de la création, il ouvre les
portes de la révélation à ceux qui d'emblée acceptent les
risques de l'aventure verbale. Mais il déroute ceux qui ne
recherchent dans le poème qu'une démonstration ou un bel
exercice de style.

Aux refuges rassurants de la Raison, Rimbaud substitue
les mirages d'une « Raison » poétique insaisissable,

Arrivée de toujours, qui t'en iras partout [2].

Il balaie éthique et esthétique en se faisant « l'âme monstrueuse » et en « se cultivant des verrues sur le visage [3] ».
Aux traîtres qui voudront toujours revêtir d'habits explica-
tifs les moires de la nudité poétique, Rimbaud répond
d'avance : « J'ai voulu dire ce que ça dit, littéralement et
dans tous les sens [4]. »

La poésie rimbaldienne ne s'attarde pas à ses sources évé-
nementielles. Elle se fond aussitôt au terme épars de l'alchimie verbale et s'y déploie en ramifications multiples. Les

---

1. *Fureur et Mystère* (Gallimard).
2. « A une raison » dans *Illuminations*.
3. Lettre du voyant.
4. Parole attribuée à Rimbaud.

poèmes de Rimbaud ne se referment jamais sur eux-mêmes avec cette crispation égoïste dont se targuent maints créateurs : « Tant d'égoïstes se proclament auteurs[1]. » Rimbaud répudie l'égoïsme infini de l'adolescence pour le remplacer par un orgueil exclusif et excessif. Car l'excès est accès au cœur de ceux qui savent l'entendre. « Orgueil plus bienveillant que les charités perdues », dit l'écho martelé de *Génie*.

Rimbaud ne nous invite pas à subir passivement le rythme de sa poésie. Il nous apprend plutôt que l'approche poétique réside dans le désir d'être entraîné par elle. Généreux jaillissement, l'œuvre de Rimbaud est moins dans le poids que dans l'élan. Son génie provocant fait naître en nous le désir de lui répondre. Son arme n'est plus la lyre, c'est l'aimant.

Le poète a donné à son écriture une telle impulsion qu'à travers le silence africain, elle continue encore de nous interpeller. Alors même qu'il compose ses chefs-d'œuvre, Rimbaud a déjà épousé les profondeurs muettes de la parole. Il a tout dit dans un temps d'éclair qui annonce le temps du silence. « Assez vu. Assez eu. Assez connu. » Le silence de Rimbaud prend figure d'ultime provocation. Ce mutisme hautain qui ne cesse d'intriguer et de fasciner, nous maintient dans une attente interrogative qui est l'essence même de la poésie.

DANIEL LEUWERS.

---

1. Lettre du voyant.

POÉSIES

NOTICE

Jeune poète, Arthur Rimbaud veut réussir. Lui, dont quelques vers latins ont eu les honneurs du *Bulletin officiel de l'Académie de Douai*, il entend que ses premiers poèmes prennent le chemin des meilleures revues, en l'occurrence des revues parnassiennes. Aussi s'efforce-t-il très tôt d'écrire des vers qui satisfassent aux critères parnassiens — virtuosité formelle, culte de la rime —, des vers qui se fondent dans le moule d'une établie perfection poétique.

Les premières compositions de Rimbaud sont presque des pastiches. Ces planches d'essai inexpertes sont soumises au jugement professoral de Georges Izambard qui raconte que le poète « souvent [lui] remettait des vers tout frais pondus, mais toujours recopiés et calligraphiés avec amour, que, sur sa demande, nous épluchions ensemble ».

Quelques phares illuminent l'horizon poétique de Rimbaud : Victor Hugo dont le haut verbe fourrageur résonne dans *Les Étrennes des orphelins* et surtout dans *Le Forgeron* ; Musset aimé puis haï ; quelques poètes de moindre importance également (Coppée, Mérat, Glatigny...) dont un mot, un vers, une strophe ont pu éblouir le jeune poète. Mais s'il est un phare — et qu'il faut révérer —, c'est bien Théodore de Banville qui trône à Paris en grand maître du Parnasse et de ses revues. Rimbaud espère secrètement voir figurer ses poèmes dans leurs glorieux feuillets, promesse d'avenir...

Faire imprimer *Les Étrennes des orphelins* dans *La Revue pour tous* en janvier 1870, n'était qu'un premier pas. Rimbaud songe à mieux encore. Le 24 mai, il décide d'écrire à Banville une lettre flatteuse, sinueuse et insistante (« Cher Maître... que si je vous envoie quelques-uns de ces vers — et cela en passant par Alph. Lemerre, le bon éditeur —, c'est que j'aime tous les poètes, tous les bons Parnassiens — puisque le poète est un Parnassien —, épris de la beauté idéale... »). Rimbaud a joint à sa lettre trois poèmes travaillés, fignolés, nourris comme il se doit d'idéal parnassien. Banville restera muet, et closes les portes du Parnasse. Les espoirs de Rimbaud ne s'effondreront pas pour autant. Le jeune poète a en lui la flamme et la fougue créatrice.

Rimbaud écrit avec enthousiasme ses premiers poèmes qui, sous leur vernis pasticheur, préfigurent déjà la flore de la révolte adolescente. Il y fait le « roman » de sa vie présente, de ses « dix-sept ans » tapageurs, d'une « première soirée » — première audace... Mais l'audace vraie de Rimbaud réside plutôt dans sa volonté mystificatrice, dans cet instinct qui le pousse non seulement à plagier ses modèles, mais encore à les déformer et à les enlaidir. La plume satirique de Rimbaud se fait déjà féroce. Que l'on songe à *Vénus Anadyomène*

> *Belle hideusement d'un ulcère à l'anus.*

Le poète sait recouvrir la sacro-sainte beauté des masques de la dérision, voire du sacrilège.

La tonalité générale des premiers vers révèle une opposition forcenée à quelques fléaux majeurs : la sottise bourgeoise, la niaiserie féminine, l'incapacité du pouvoir impérial et le rire incongru du Dieu moqueur. Des poèmes comme *A la musique, Les Reparties de Nina, Rages de Césars* et *Le Mal* témoignent de ce sinistre éventail.

Rimbaud acquiert progressivement, vers après vers, une étonnante virtuosité. En septembre et en octobre 1870, entre deux fugues, il recopie vingt-deux poèmes et les rassemble en un recueil manuscrit qu'il confie au poète douaisien Paul

Demeny dont il vient de faire la connaissance. Les sept derniers poèmes de ce recueil — qu'on appelle encore aujourd'hui le recueil Demeny — doivent beaucoup à la seconde fugue qui, en octobre 1870, mena Rimbaud sur les sentiers belges. Ils chantent l'idéale « bohème » du poète qui déchire ses « bottines aux cailloux des chemins » et qui trouve refuge au « Cabaret-Vert » de Charleroi. L'adolescent regarde son épopée du même œil amusé qui se rit de la ridicule victoire impériale de Sarrebruck. Mais la poésie en images d'Épinal n'est qu'un intermède. Ivre d'ascensions furieuses, Rimbaud sent qu'il lui faut ponctuer son itinéraire poétique de reniements absolus.

Ses vingt-deux premiers poèmes, Rimbaud prendra l'année suivante la décision de les renier. Le 10 juin 1871, il adresse en effet à Demeny une lettre qui se termine sur cet ordre : « Brûlez, je le veux, et je crois que vous respecterez ma volonté comme celle d'un mort, brûlez tous les vers que je fus assez sot pour vous donner lors de mon séjour à Douai. » Cette lettre est écrite un mois environ après la célèbre lettre du voyant dans laquelle le poète prône « un long, immense et raisonné dérèglement de tous les sens ». Elle vient confirmer les nouvelles options rimbaldiennes. Désormais, « Je est un autre » ou s'efforce de l'être.

Avant de recourir à cette solution radicale du reniement, Rimbaud a gravi des échelons majeurs qui lui font désormais entrevoir un nouvel horizon dégagé de la fadeur parnassienne et du faux romantisme, ouvert enfin à l'éclatement de la poésie, à l'avènement de l'inconnu.

Depuis son retour forcé à Charleville à la fin de 1870, Rimbaud n'a cessé de se morfondre. Il écrit le 2 novembre à Izambard : « Je meurs, je me décompose dans la platitude, la mauvaiseté, la grisaille. » Aux fugues passionnées vers l'ailleurs, a succédé l'évasion livresque dans les bibliothèques. Mais cela ne saurait suffire ; Rimbaud abomine les « assis ». Une solution : l'encrapulement. Rimbaud clame dès lors sa haine contre la famille, les prêtres, l'ordre établi. Sa plume devient acide, qui caricature *Les Pauvres à l'église*, les *Petites Amoureuses, Les Douaniers*. Yves

Bonnefoy note avec justesse que « le recours à la parole, autrefois exaltant, n'a plus maintenant que la fonction cathartique de la colère[1] ». C'est que Rimbaud sent depuis quelque temps monter le vent salutaire de la Commune ; nourri d'idées socialistes récemment découvertes en bibliothèque, il applaudit au triomphe du peuple de Paris, en mars 1871. Il entonne le *Chant de guerre parisien*, vénère *Les Mains de Jeanne-Marie*, se déchaîne quand ressuscite *L'Orgie parisienne* et que Paris se repeuple. Pierre Jean Jouve écrit qu'« en Rimbaud, survenu là comme poète-témoin, la catastrophe a pour effet la contraction du temps historique dans le temps personnel[2] ».

Tout en exprimant sa verve communarde, Rimbaud ne cesse d'attiser une sourde mais profonde révolte individuelle. Ses poèmes deviennent brûlants, effroyables. Rimbaud règle ses comptes : avec sa mère sous le joug de qui il a « sué d'obéissance[3] », avec l'horrible religion dénoncée dans *Les Premières Communions* ; avec Dieu, le « Pleureur des Oliviers » entouré de sa clique de « Socrates et Jésus », de « Saints et Justes » que Rimbaud apostrophe d'un ton vengeur et définitif :

> *O Justes, nous chierons dans vos ventres de grès.*

Le poète a un dernier compte à régler ; cette fois, c'est avec le Parnasse. Pour ce faire, Rimbaud écrit un des plus extraordinaires poèmes de la langue française. Il s'intitule pompeusement *Ce qu'on dit au poète à propos de fleurs*. Dédié et envoyé à Banville le 15 août 1871, ce poème raille les thèmes parnassiens en vogue, leur exotisme frelaté, les métaphores florales usées :

> *La Flore est diverse à peu près*
> *Comme des bouchons de carafes.*

1. *Rimbaud par lui-même* (Le Seuil).
2. Préface à *Illuminations* (Mermod).
3. Izambard affirme que « chaque nouvel affrontement avec sa mère amenait une floraison d'images scatologiques dans ses poèmes ».

Ce poème va plus loin encore ; il est un immense éclat de rire dans la séculaire demeure poétique, une magistrale incongruité au royaume versifié du bon goût :

> *Tas d'œufs frits dans de vieux chapeaux,*
> *Lys, Açokas, Lilas et Roses !...*

> *— En somme, une Fleur, Romarin*
> *Ou Lys, vive ou morte, vaut-elle*
> *Un excrément d'oiseau marin ?*
> *Vaut-elle un seul pleur de chandelle ?*

Rimbaud qui se moque des « bavures de pipeaux » n'hésite pas à faire sauter la paralysante citadelle de la poésie française. Il la dynamite et s'amuse de son feu d'artifice. En répudiant la langue morte des vieux poètes, Rimbaud trouve enfin sa propre langue, devient apte à se faire voyant et voleur de feu. Il sait désormais, pour reprendre les termes mêmes de la lettre du voyant, qu'« inspecter l'invisible et entendre l'inouï » est bien « autre chose que reprendre l'esprit des choses mortes ».

Mais avant d'épouser totalement l'esprit du voyant — défini dans les lettres du 13 et 15 mai 1871 —, Rimbaud va continuer quelque temps encore de ménager le Parnasse. En réalité, Rimbaud est à la croisée des chemins : conscient de son génie créateur, il n'ose encore pleinement l'assumer. On se propose de lui faire connaître Verlaine ; cette perspective maintient Rimbaud dans l'expectative. A Paris où Verlaine et ses amis l'attendent, Rimbaud sent qu'il sera jugé. Aussi écrit-il à leur intention *Le Bateau ivre*, poème qui, malgré les résonances exaltées et visionnaires de la Commune, reste traditionnel de ton et d'inspiration. *Voyelles* s'apparente beaucoup plus à l'esprit du voyant mais n'en est qu'une première et tâtonnante approche.

A Charleville, Rimbaud n'a pas encore secoué toutes les chaînes qui gênent l'éclosion de son génie. Il a émis le vœu d'épouser l'inconnu. C'est à Paris qu'il le réalisera.

Les *Poésies* d'Arthur Rimbaud sont disséminées en plusieurs manuscrits qui portent soit le nom de celui à qui ils furent confiés du vivant de l'auteur, soit le nom du collectionneur qui plus tard les a acquis. Il y a également des copies de poèmes rimbaldiens dues à la plume de Paul Verlaine.

Il arrive qu'un même poème existe dans plusieurs manuscrits, et sous des formes sensiblement différentes : Rimbaud aimait améliorer ses poèmes. *Première Soirée* a trois versions et a connu trois titres. Une pièce comme *Ophélie* diffère selon qu'on la lit dans les manuscrits Demeny, Izambard ou Théodore de Banville.

Ces trois noms sont ceux des destinataires d'Arthur Rimbaud. Les manuscrits Demeny sont les plus nombreux. Ils comprennent les vingt-deux poèmes du recueil Demeny, auxquels s'ajoutent six poésies incluses dans les lettres du 15 mai et du 10 juin 1871 ; ces six poésies furent la propriété de M. Alfred Saffrey. Quant au recueil Demeny, il a été reproduit en fac-similé par l'éditeur Messein, en 1919. L'ouvrage s'intitule *Les Manuscrits des maîtres, Arthur Rimbaud. Poésies*. Nous avons suivi les textes du recueil Demeny ainsi que cinq des poésies de la collection Saffrey. Les manuscrits Izambard et Théodore de Banville contiennent respectivement huit et quatre poèmes. Les premiers proviennent de dons de Rimbaud à son professeur, tandis que les seconds ont été joints aux deux lettres adressées au poète parnassien. Beaucoup de poèmes recueillis par Izambard et Banville font partie du recueil Demeny ; ils n'en sont pas moins intéressants à consulter pour leurs variantes. *Ce qu'on dit au poète à propos de fleurs* est un manuscrit Banville et ne connaît pas d'autre version.

Quelques manuscrits isolés donnent parfois un poème unique. C'est le cas du manuscrit André Bertaut *(Les Mains de Jeanne-Marie)*, du manuscrit Blémont *(Voyelles)* et du manuscrit Valade visible à la bibliothèque de Bordeaux *(Oraison du soir)*. *Le Juste restait droit* est un manuscrit de la collection Barthou dont le texte exact a été donné pour la première fois par M. Hartmann en 1957.

Quelques poèmes de Rimbaud sont connus grâce à des copies verlainiennes ; Verlaine recopiait peut-être pour lui des poèmes que Rimbaud lui envoyait ou retranscrivait de mémoire certains poèmes perdus. Dix de ces copies sont reproduites dans les fac-similés Messein ; nous avons suivi le texte de bon nombre d'entre elles.

Il se trouve enfin des poèmes dont le manuscrit n'est pas connu. Nous donnons alors le texte des revues dans lesquelles ils ont paru ou celui de la première édition. Trois poèmes seulement sont concernés : *Les Étrennes des orphelins, Les Corbeaux* et *Les Chercheuses de poux.*

Notre édition s'efforce, dans la mesure du possible, de suivre l'ordre chronologique des *Poésies* que nous séparons des *Derniers vers* dont le ton est radicalement différent.

Les Étrennes des orphelins, poème de 1869, ouvre donc les *Poésies.* Suivent les vingt-deux pièces du recueil Demeny, et les poèmes de 1871 dont il est souvent difficile de connaître la date exacte de composition. A cette difficulté, s'ajoute le fait que Rimbaud aimait dater ses poèmes du jour où il les recopiait et non de celui où il les avait composés. La pièce *Les Corbeaux*, considérée souvent comme une œuvre de 1872, a été placée à la fin des *Poésies.*

Quelques notes et variantes, en fin de volume, indiquent l'origine du texte reproduit dans la présente édition. Elles se font parfois l'écho des recherches rimbaldiennes et livrent de brefs éclaircissements.

LES ÉTRENNES DES ORPHELINS*

I

LA chambre est pleine d'ombre ; on entend vaguement
De deux enfants le triste et doux chuchotement.
Leur front se penche, encore alourdi par le rêve,
Sous le long rideau blanc qui tremble et se soulève...
— Au dehors les oiseaux se rapprochent frileux ;
Leur aile s'engourdit sous le ton gris des cieux ;
Et la nouvelle Année, à la suite brumeuse,
Laissant traîner les plis de sa robe neigeuse,
Sourit avec des pleurs, et chante en grelottant...

II

Or les petits enfants, sous le rideau flottant,
Parlent bas comme on fait dans une nuit obscure.
Ils écoutent, pensifs, comme un lointain murmure...
Ils tressaillent souvent à la claire voix d'or
Du timbre matinal, qui frappe et frappe encor
Son refrain métallique en son globe de verre...
— Puis, la chambre est glacée... on voit traîner à terre,
Épars autour des lits, des vêtements de deuil ;

* Les astérisques renvoient aux notes, en fin de volume.

L'âpre bise d'hiver qui se lamente au seuil
Souffle dans le logis son haleine morose !
On sent, dans tout cela, qu'il manque quelque chose...
— Il n'est dont point de mère à ces petits enfants,
De mère au frais sourire, aux regards triomphants ?
Elle a donc oublié, le soir, seule et penchée,
D'exciter une flamme à la cendre arrachée,
D'amonceler sur eux la laine et l'édredon
Avant de les quitter en leur criant : pardon.
Elle n'a point prévu la froideur matinale,
Ni bien fermé le seuil à la bise hivernale ?...
— Le rêve maternel, c'est le tiède tapis,
C'est le nid cotonneux où les enfants tapis,
Comme de beaux oiseaux que balancent les branches,
Dorment leur doux sommeil plein de visions blanches !...
— Et là, — c'est comme un nid sans plumes, sans
                                              [chaleur,
Où les petits ont froid, ne dorment pas, ont peur ;
Un nid que doit avoir glacé la bise amère...

                          III

Votre cœur l'a compris : — ces enfants sont sans mère.
Plus de mère au logis ! — et le père est bien loin !...
— Une vieille servante, alors, en a pris soin.
Les petits sont tout seuls en la maison glacée ;
Orphelins de quatre ans, voilà qu'en leur pensée
S'éveille, par degrés, un souvenir riant...
C'est comme un chapelet qu'on égrène en priant :
— Ah ! quel beau matin, que ce matin des étrennes !
Chacun, pendant la nuit, avait rêvé des siennes
Dans quelque songe étrange où l'on voyait joujoux,
Bonbons habillés d'or, étincelants bijoux,
Tourbillonner, danser une danse sonore,
Puis fuir sous les rideaux, puis reparaître encore !
On s'éveillait matin, on se levait joyeux,
La lèvre affriandée, en se frottant les yeux...

On allait, les cheveux emmêlés sur la tête,
Les yeux tout rayonnants, comme aux grands jours de
Et les petits pieds nus effleurant le plancher,   [fête,
Aux portes des parents tout doucement toucher...
On entrait !... Puis alors les souhaits... en chemise,
Les baisers répétés, et la gaîté permise !

IV

Ah ! c'était si charmant, ces mots dits tant de fois !
— Mais comme il est changé, le logis d'autrefois :
Un grand feu pétillait, clair, dans la cheminée,
Toute la vieille chambre était illuminée ;
Et les reflets vermeils, sortis du grand foyer,
Sur les meubles vernis aimaient à tournoyer...
— L'armoire était sans clefs !... sans clefs, la grande
On regardait souvent sa porte brune et noire... [armoire !
Sans clefs !... c'était étrange !... on rêvait bien des fois
Aux mystères dormant entre ses flancs de bois,
Et l'on croyait ouïr, au fond de la serrure
Béante, un bruit lointain, vague et joyeux murmure...
— La chambre des parents est bien vide, aujourd'hui :
Aucun reflet vermeil sous la porte n'a lui ;
Il n'est point de parents, de foyer, de clefs prises :
Partant, point de baisers, point de douces surprises !
Oh ! que le jour de l'an sera triste pour eux !
— Et, tout pensifs, tandis que de leurs grands yeux bleus,
Silencieusement tombe une larme amère,
Ils murmurent : « Quand donc reviendra notre mère ? »
. . . .

V

Maintenant, les petits sommeillent tristement :
Vous diriez, à les voir, qu'ils pleurent en dormant,
Tant leurs yeux sont gonflés et leur souffle pénible !

Les tout petits enfants ont le cœur si sensible !
— Mais l'ange des berceaux vient essuyer leurs yeux,
Et dans ce lourd sommeil met un rêve joyeux,
Un rêve si joyeux, que leur lèvre mi-close,
Souriante, semblait murmurer quelque chose...
— Ils rêvent que, penchés sur leur petit bras rond,
Doux geste du réveil, ils avancent le front,
Et leur vague regard tout autour d'eux se pose...
Ils se croient endormis dans un paradis rose...
Au foyer plein d'éclairs chante gaîment le feu...
Par la fenêtre on voit là-bas un beau ciel bleu ;
La nature s'éveille et de rayons s'enivre...
La terre, demi-nue, heureuse de revivre,
A des frissons de joie aux baisers du soleil...
Et dans le vieux logis tout est tiède et vermeil :
Les sombres vêtements ne jonchent plus la terre,
La bise sous le seuil a fini par se taire...
On dirait qu'une fée a passé dans cela !...
— Les enfants, tout joyeux, ont jeté deux cris... Là,
Près du lit maternel, sous un beau rayon rose,
Là, sur le grand tapis, resplendit quelque chose...
Ce sont des médaillons argentés, noirs et blancs,
De la nacre et du jais aux reflets scintillants ;
Des petits cadres noirs, des couronnes de verre,
Ayant trois mots gravés en or : « A NOTRE MÈRE ! »
. . . .

SENSATION*

PAR les soirs bleus d'été, j'irai dans les sentiers,
Picoté par les blés, fouler l'herbe menue :
Rêveur, j'en sentirai la fraîcheur à mes pieds.
Je laisserai le vent baigner ma tête nue.

Je ne parlerai pas, je ne penserai rien :
Mais l'amour infini me montera dans l'âme,

Et j'irai loin, bien loin, comme un bohémien,
Par la Nature, — heureux comme avec une femme.

Mars 1870.

LE FORGERON*

*Palais des Tuileries, vers le 10 août 92**.*

Le bras sur un marteau gigantesque, effrayant
D'ivresse et de grandeur, le front vaste, riant
Comme un clairon d'airain, avec toute sa bouche,
Et prenant ce gros-là dans son regard farouche,
Le Forgeron parlait à Louis Seize, un jour
Que le Peuple était là, se tordant tout autour,
Et sur les lambris d'or traînant sa veste sale.
Or le bon roi, debout sur son ventre, était pâle,
Pâle comme un vaincu qu'on prend pour le gibet,
Et, soumis comme un chien, jamais ne regimbait
Car ce maraud de forge aux énormes épaules
Lui disait de vieux mots et des choses si drôles,
Que cela l'empoignait au front, comme cela !

« Or, tu sais bien, Monsieur, nous chantions tra la la
Et nous piquions les bœufs vers les sillons des autres :
Le Chanoine au soleil filait des patenôtres
Sur des chapelets clairs grenés de pièces d'or.
Le Seigneur, à cheval, passait, sonnant du cor
Et l'un avec la hart, l'autre avec la cravache
Nous fouaillaient. — Hébétés comme des yeux de vache,
Nos yeux ne pleuraient plus ; nous allions, nous allions,
Et quand nous avions mis le pays en sillons,
Quand nous avions laissé dans cette terre noire
Un peu de notre chair... nous avions un pourboire :
On nous faisait flamber nos taudis dans la nuit ;
Nos petits y faisaient un gâteau fort bien cuit.

... « Oh ! je ne me plains pas. Je te dis mes bêtises,
C'est entre nous. J'admets que tu me contredises.
Or, n'est-ce pas joyeux de voir, au mois de juin,
Dans les granges entrer des voitures de foin
Énormes ? De sentir l'odeur de ce qui pousse,
Des vergers quand il pleut un peu, de l'herbe rousse ?
De voir des blés, des blés, des épis pleins de grain,
De penser que cela prépare bien du pain ?...
Oh ! plus fort, on irait, au fourneau qui s'allume,
Chanter joyeusement en martelant l'enclume,
Si l'on était certain de pouvoir prendre un peu,
Étant homme, à la fin ! de ce que donne Dieu !
— Mais voilà, c'est toujours la même vieille histoire !

« Mais je sais, maintenant ! Moi, je ne peux plus croire,
Quand j'ai deux bonnes mains, mon front et mon marteau,
Qu'un homme vienne là, dague sur le manteau,
Et me dise : Mon gars, ensemence ma terre ;
Que l'on arrive encor, quand ce serait la guerre,
Me prendre mon garçon comme cela, chez moi !
— Moi, je serais un homme, et toi, tu serais roi,
Tu me dirais : Je veux !... — Tu vois bien, c'est stupide.
Tu crois que j'aime voir ta baraque splendide,
Tes officiers dorés, tes mille chenapans,
Tes palsembleu bâtards tournant comme des paons :
Ils ont rempli ton nid de l'odeur de nos filles
Et de petits billets pour nous mettre aux Bastilles,
Et nous dirons : C'est bien : les pauvres à genoux !
Nous dorerons ton Louvre en donnant nos gros sous !
Et tu te soûleras, tu feras belle fête,
— Et ces Messieurs riront, les reins sur notre tête !

« Non. Ces saletés-là datent de nos papas !
Oh ! Le Peuple n'est plus une putain. Trois pas
Et, tous, nous avons mis ta Bastille en poussière.
Cette bête suait du sang à chaque pierre
Et c'était dégoûtant, la Bastille debout
Avec ses murs lépreux qui nous racontaient tout

Et, toujours, nous tenaient enfermés dans leur ombre !
— Citoyen ! citoyen ! c'était le passé sombre
Qui croulait, qui râlait, quand nous prîmes la tour !
Nous avions quelque chose au cœur comme l'amour.
Nous avions embrassé nos fils sur nos poitrines.
Et, comme des chevaux, en soufflant des narines
Nous allions, fiers et forts, et ça nous battait là...
Nous marchions au soleil, front haut, — comme cela, —
Dans Paris ! On venait devant nos vestes sales.
Enfin ! Nous nous sentions Hommes ! Nous étions pâles,
Sire, nous étions soûls de terribles espoirs :
Et quand nous fûmes là, devant les donjons noirs,
Agitant nos clairons et nos feuilles de chêne,
Les piques à la main ; nous n'eûmes pas de haine,
— Nous nous sentions si forts, nous voulions être doux !
....
....

« Et depuis ce jour-là, nous sommes comme fous !
Le tas des ouvriers a monté dans la rue,
Et ces maudits s'en vont, foule toujours accrue
De sombres revenants, aux portes des richards.
Moi, je cours avec eux assommer les mouchards :
Et je vais dans Paris, noir, marteau sur l'épaule,
Farouche, à chaque coin balayant quelque drôle,
Et, si tu me riais au nez, je te tuerais !
— Puis, tu peux y compter, tu te feras des frais
Avec tes hommes noirs, qui prennent nos requêtes
Pour se les renvoyer comme sur des raquettes
Et, tout bas, les malins ! se disent : « Qu'ils sont sots ! »
Pour mitonner des lois, coller de petits pots
Pleins de jolis décrets roses et de droguailles,
S'amuser à couper proprement quelques tailles,
Puis se boucher le nez quand nous marchons près d'eux.
— Nos doux représentants qui nous trouvent crasseux ! —
Pour ne rien redouter, rien, que les baïonnettes...
C'est très bien. Foin de leur tabatière à sornettes !
Nous en avons assez, là, de ces cerveaux plats

Et de ces ventres-dieux. Ah ! ce sont là les plats
Que tu nous sers, bourgeois, quand nous sommes féroces,
Quand nous brisons déjà les sceptres et les crosses !... »
....

Il le prend par le bras, arrache le velours
Des rideaux, et lui montre en bas les larges cours
Où fourmille, où fourmille, où se lève la foule,
La foule épouvantable avec des bruits de houle,
Hurlant comme une chienne, hurlant comme une mer,
Avec ses bâtons forts et ses piques de fer,
Ses tambours, ses grands cris de halles et de bouges,
Tas sombre de haillons saignant de bonnets rouges :
L'Homme, par la fenêtre ouverte, montre tout
Au roi pâle et suant qui chancelle debout,
Malade à regarder cela !
                          « C'est la Crapule,
Sire. Ça bave aux murs, ça monte, ça pullule :
— Puisqu'ils ne mangent pas, Sire, ce sont des gueux !
Je suis un forgeron : ma femme est avec eux,
Folle ! Elle croit trouver du pain aux Tuileries !
— On ne veut pas de nous dans les boulangeries.
J'ai trois petits. Je suis crapule. — Je connais
Des vieilles qui s'en vont pleurant sous leurs bonnets
Parce qu'on leur a pris leur garçon ou leur fille :
C'est la crapule. — Un homme était à la bastille,
Un autre était forçat : et tous deux, citoyens
Honnêtes. Libérés, ils sont comme des chiens :
On les insulte ! Alors, ils ont là quelque chose
Qui leur fait mal, allez ! C'est terrible, et c'est cause
Que se sentant brisés, que, se sentant damnés,
Ils sont là, maintenant, hurlant sous votre nez !
Crapule. — Là-dedans sont des filles, infâmes
Parce que, — vous saviez que c'est faible, les femmes, —
Messeigneurs de la Cour, — que ça veut toujours bien, —
Vous leur avez craché sur l'âme, comme rien !
Vos belles, aujourd'hui, sont là. C'est la crapule.
....

« Oh ! tous les Malheureux, tous ceux dont le dos brûle
Sous le soleil féroce, et qui vont, et qui vont,
Qui dans ce travail-là sentent crever leur front...
Chapeau bas, mes bourgeois ! Oh ! ceux-là, sont des
                                       [Hommes !
Nous sommes Ouvriers, Sire ! Ouvriers ! Nous sommes
Pour les grands temps nouveaux où l'on voudra savoir,
Où l'Homme forgera du matin jusqu'au soir,
Chasseur des grands effets, chasseur des grandes causes,
Où, lentement vainqueur, il domptera les choses
Et montera sur Tout, comme sur un cheval !

Oh ! splendides lueurs des forges ! Plus de mal,
Plus ! — Ce qu'on ne sait pas, c'est peut-être terrible :
Nous saurons ! — Nos marteaux en main, passons au
Tout ce que nous savons : puis, Frères, en avant ! [crible
Nous faisons quelquefois ce grand rêve émouvant
De vivre simplement, ardemment, sans rien dire
De mauvais, travaillant sous l'auguste sourire
D'une femme qu'on aime avec un noble amour :
Et l'on travaillerait fièrement tout le jour,
Écoutant le devoir comme un clairon qui sonne :
Et l'on se sentirait très heureux ; et personne,
Oh ! personne, surtout, ne vous ferait ployer !
On aurait un fusil au-dessus du foyer...
....

« Oh ! mais l'air est tout plein d'une odeur de bataille.
Que te disais-je donc ? Je suis de la canaille !
Il reste des mouchards et des accapareurs.
Nous sommes libres, nous ! Nous avons des terreurs
Où nous nous sentons grands, oh ! si grands ! Tout à
Je parlais de devoir calme, d'une demeure...   [l'heure
Regarde donc le ciel ! — C'est trop petit pour nous,
Nous crèverions de chaud, nous serions à genoux !
Regarde donc le ciel ! — Je rentre dans la foule,
Dans la grande canaille effroyable, qui roule,
Sire, tes vieux canons sur les sales pavés :

— Oh! quand nous serons morts, nous les aurons lavés!
— Et si, devant nos cris, devant notre vengeance,
Les pattes des vieux rois mordorés, sur la France
Poussent leurs régiments en habits de gala,
Eh bien, n'est-ce pas, vous tous? Merde à ces chiens-
[là!»

. . . .

— Il reprit son marteau sur l'épaule.
                                        La foule
Près de cet homme-là se sentait l'âme soûle,
Et, dans la grande cour, dans les appartements,
Où Paris haletait avec des hurlements,
Un frisson secoua l'immense populace.
Alors, de sa main large et superbe de crasse,
Bien que le roi ventru suât, le Forgeron,
Terrible, lui jeta le bonnet rouge au front!

SOLEIL ET CHAIR*

I

Le Soleil, le foyer de tendresse et de vie,
Verse l'amour brûlant à la terre ravie,
Et, quand on est couché sur la vallée, on sent
Que la terre est nubile et déborde de sang;
Que son immense sein, soulevé par une âme,
Est d'amour comme Dieu, de chair comme la femme,
Et qu'il renferme, gros de sève et de rayons,
Le grand fourmillement de tous les embryons!

Et tout croît, et tout monte!

                          — O Vénus, ô Déesse!
Je regrette les temps de l'antique jeunesse,

Des satyres lascifs, des faunes animaux,
Dieux qui mordaient d'amour l'écorce des rameaux
Et dans les nénufars baisaient la Nymphe blonde !
Je regrette les temps où la sève du monde,
L'eau du fleuve, le sang rose des arbres verts
Dans les veines de Pan mettaient un univers !
Où le sol palpitait, vert, sous ses pieds de chèvre ;
Où, baisant mollement le clair syrinx, sa lèvre
Modulait sous le ciel le grand hymne d'amour,
Où, debout sur la plaine, il entendait autour
Répondre à son appel la Nature vivante ;
Où les arbres muets, berçant l'oiseau qui chante,
La terre berçant l'homme, et tout l'Océan bleu
Et tous les animaux aimaient, aimaient en Dieu !
Je regrette les temps de la grande Cybèle
Qu'on disait parcourir, gigantesquement belle,
Sur un grand char d'airain, les splendides cités ;
Son double sein versait dans les immensités ;
Le pur ruissellement de la vie infinie.
L'Homme suçait, heureux, sa mamelle bénie,
Comme un petit enfant, jouant sur ses genoux.
— Parce qu'il était fort, l'Homme était chaste et doux.

Misère ! Maintenant il dit : Je sais les choses,
Et va, les yeux fermés et les oreilles closes.
— Et pourtant, plus de dieux ! plus de dieux ! l'Homme est
                                        [Roi,
L'Homme est Dieu ! Mais l'Amour, voilà la grande Foi.
Oh ! si l'homme puisait encore à ta mamelle,
Grande mère des dieux et des hommes, Cybèle ;
S'il n'avait pas laissé l'immortelle Astarté
Qui jadis, émergeant dans l'immense clarté
Des flots bleus, fleur de chair que la vague parfume,
Montra son nombril rose où vint neiger l'écume,
Et fit chanter, Déesse aux grands yeux noirs vainqueurs,
Le rossignol aux bois et l'amour dans les cœurs !

II

Je crois en toi ! je crois en toi ! Divine mère,
Aphrodité marine ! — Oh ! la route est amère
Depuis que l'autre Dieu nous attelle à sa croix ;
Chair, Marbre, Fleur, Vénus, c'est en toi que je crois !
— Oui, l'Homme est triste et laid, triste sous le ciel
Il a des vêtements, parce qu'il n'est plus chaste,   [vaste.
Parce qu'il a sali son fier buste de dieu,
Et qu'il a rabougri, comme une idole au feu,
Son corps Olympien aux servitudes sales !
Oui, même après la mort, dans les squelettes pâles
Il veut vivre, insultant la première beauté !
— Et l'Idole où tu mis tant de virginité,
Où tu divinisas notre argile, la Femme,
Afin que l'Homme pût éclairer sa pauvre âme
Et monter lentement, dans un immense amour,
De la prison terrestre à la beauté du jour,
La Femme ne sait plus même être Courtisane !
— C'est une bonne farce ! et le monde ricane
Au nom doux et sacré de la grande Vénus !

III

Si les temps revenaient, les temps qui sont venus !
— Car l'Homme a fini ! l'Homme a joué tous les rôles !
Au grand jour, fatigué de briser des idoles
Il ressuscitera, libre de tous ses Dieux,
Et, comme il est du ciel, il scrutera les cieux !
L'Idéal, la pensée invincible, éternelle,
Tout ; le dieu qui vit, sous son argile charnelle,
Montera, montera, brûlera sous son front !
Et quand tu le verras sonder tout l'horizon,
Contempteur des vieux jougs, libre de toute crainte,
Tu viendras lui donner la Rédemption sainte !

— Splendide, radieuse, au sein des grandes mers
Tu surgiras, jetant sur le vaste Univers
L'Amour infini dans un infini sourire !
Le Monde vibrera comme une immense lyre
Dans le frémissement d'un immense baiser !

— Le Monde a soif d'amour : tu viendras l'apaiser.
. . . .

Ô L'Homme a relevé sa tête libre et fière !
Et le rayon soudain de la beauté première
Fait palpiter le dieu dans l'autel de la chair !
Heureux du bien présent, pâle du mal souffert,
L'Homme veut tout sonder, — et savoir ! La Pensée,
La cavale longtemps, si longtemps oppressée
S'élance de son front ! Elle saura Pourquoi !...
Qu'elle bondisse libre, et l'Homme aura la Foi !
— Pourquoi l'azur muet et l'espace insondable ?
Pourquoi les astres d'or fourmillant comme un sable ?
Si l'on montait toujours, que verrait-on là-haut ?
Un Pasteur mène-t-il cet immense troupeau
De mondes cheminant dans l'horreur de l'espace ?
Et tous ces mondes-là, que l'éther vaste embrasse,
Vibrent-ils aux accents d'une éternelle voix ?
— Et l'Homme, peut-il voir ? peut-il dire : Je crois ?
La voix de la pensée est-elle plus qu'un rêve ?
— Si l'homme naît si tôt, si la vie est si brève,
D'où vient-il ? Sombre-t-il dans l'Océan profond
Des Germes, des Fœtus, des Embryons, au fond
De l'immense Creuset d'où la Mère-Nature
Le ressuscitera, vivante créature,
Pour aimer dans la rose, et croître dans les blés ?...

Nous ne pouvons savoir ! — Nous sommes accablés
D'un manteau d'ignorance et d'étroites chimères !
Singes d'hommes tombés de la vulve des mères,
Notre pâle raison nous cache l'infini !
Nous voulons regarder : — le Doute nous punit !

Le doute, morne oiseau, nous frappe de son aile...
— Et l'horizon s'enfuit d'une fuite éternelle !...
. . . .

Le grand ciel est ouvert ! les mystères sont morts
Devant l'Homme, debout, qui croise ses bras forts
Dans l'immense splendeur de la riche nature !
Il chante... et le bois chante, et le fleuve murmure
Un chant plein de bonheur qui monte vers le jour !...
— C'est la Rédemption ! c'est l'amour, c'est l'amour !...
. . . .

IV

Ô splendeur de la chair ! ô splendeur idéale !
Ô renouveau d'amour, aurore triomphale
Où, courbant à leurs pieds les Dieux et les Héros,
Kallipyge la blanche et le petit Éros
Effleureront, couverts de la neige des roses,
Les femmes et les fleurs sous leurs beaux pieds écloses !
— Ô grande Ariadné, qui jettes tes sanglots
Sur la rive, en voyant fuir là-bas sur les flots,
Blanche sous le soleil, la voile de Thésée,
Ô douce vierge enfant qu'une nuit a brisée,
Tais-toi ! Sur son char d'or brodé de noirs raisins,
Lysios, promené dans les champs Phrygiens
Par les tigres lascifs et les panthères rousses,
Le long des fleuves bleus rougit les sombres mousses.
— Zeus, Taureau, sur son cou berce comme une enfant
Le corps nu d'Europé, qui jette son bras blanc
Au cou nerveux du Dieu frissonnant dans la vague.
Il tourne lentement vers elle son œil vague ;
Elle, laisse traîner sa pâle joue en fleur
Au front de Zeus ; ses yeux sont fermés ; elle meurt
Dans un divin baiser, et le flot qui murmure
De son écume d'or fleurit sa chevelure.
— Entre le laurier-rose et le lotus jaseur

Glisse amoureusement le grand Cygne rêveur
Embrassant la Léda des blancheurs de son aile ;
— Et tandis que Cypris passe, étrangement belle,
Et, cambrant les rondeurs splendides de ses reins,
Étale fièrement l'or de ses larges seins
Et son ventre neigeux brodé de mousse noire,
— Héraclès, le Dompteur, qui, comme d'une gloire,
Fort, ceint son vaste corps de la peau du lion,
S'avance, front terrible et doux, à l'horizon !

Par la lune d'été vaguement éclairée,
Debout, nue, et rêvant dans sa pâleur dorée
Que tache le flot lourd de ses longs cheveux bleus,
Dans la clairière sombre où la mousse s'étoile,
La Dryade regarde au ciel silencieux...
— La blanche Séléné laisse flotter son voile,
Craintive, sur les pieds du bel Endymion,
Et lui jette un baiser dans un pâle rayon...
— La Source pleure au coin dans une longue extase...
C'est la Nymphe qui rêve, un coude sur son vase,
Au beau jeune homme blanc que son onde a pressé.
— Une brise d'amour dans la nuit a passé,
Et, dans les bois sacrés, dans l'horreur des grands arbres,
Majestueusement debout, les sombres Marbres,
Les Dieux, au front desquels le Bouvreuil fait son nid,
— Les Dieux écoutent l'Homme et le Monde infini !

29 avril 1870.

OPHÉLIE*

I

Sur l'onde calme et noire où dorment les étoiles
La blanche Ophélia flotte comme un grand lys,

Flotte très lentement, couchée en ses longs voiles...
— On entend dans les bois lointains des hallalis.

Voici plus de mille ans que la triste Ophélie
Passe, fantôme blanc, sur le long fleuve noir,
Voici plus de mille ans que sa douce folie
Murmure sa romance à la brise du soir.

Le vent baise ses seins et déploie en corolle
Ses grands voiles bercés mollement par les eaux ;
Les saules frissonnants pleurent sur son épaule,
Sur son grand front rêveur s'inclinent les roseaux.

Les nénuphars froissés soupirent autour d'elle ;
Elle éveille parfois, dans un aune qui dort,
Quelque nid, d'où s'échappe un petit frisson d'aile :
— Un chant mystérieux tombe des astres d'or.

II

Ô pâle Ophélia ! belle comme la neige !
Oui tu mourus, enfant, par un fleuve emporté !
— C'est que les vents tombant des grands monts de
T'avaient parlé tout bas de l'âpre liberté ;   [Norwège

C'est qu'un souffle, tordant ta grande chevelure,
A ton esprit rêveur portait d'étranges bruits ;
Que ton cœur écoutait le chant de la Nature
Dans les plaintes de l'arbre et les soupirs des nuits ;

C'est que la voix des mers folles, immense râle,
Brisait ton sein d'enfant, trop humain et trop doux.
C'est qu'un matin d'avril, un beau cavalier pâle,
Un pauvre fou, s'assit muet à tes genoux !

Ciel ! Amour ! Liberté ! Quel rêve, ô pauvre Folle !
Tu te fondais à lui comme une neige au feu ;

Tes grandes visions étranglaient ta parole
— Et l'Infini terrible effara ton œil bleu !

III

— Et le Poète dit qu'aux rayons des étoiles
Tu viens chercher, la nuit, les fleurs que tu cueillis ;
Et qu'il a vu sur l'eau, couchée en ses longs voiles,
La blanche Ophélia flotter, comme un grand lys.

15 mai 1870.

BAL DES PENDUS*

Au gibet noir, manchot aimable,
Dansent, dansent les paladins
Les maigres paladins du diable
Les squelettes de Saladins.

Messire Belzébuth tire par la cravate
Ses petits pantins noirs grimaçant sur le ciel,
Et, leur claquant au front un revers de savate,
Les fait danser, danser aux sons d'un vieux Noël !

Et les pantins choqués enlacent leurs bras grêles :
Comme des orgues noirs, les poitrines à jour
Que serraient autrefois les gentes damoiselles,
Se heurtent longuement dans un hideux amour.

Hurrah ! les gais danseurs, qui n'avez plus de panse !
On peut cabrioler, les tréteaux sont si longs !
Hop ! qu'on ne sache plus si c'est bataille ou danse !
Belzébuth enragé racle ses violons !

Ô durs talons, jamais on n'use sa sandale !
Presque tous ont quitté la chemise de peau ;

Le reste est peu gênant et se voit sans scandale.
Sur les crânes, la neige applique un blanc chapeau :

Le corbeau fait panache à ces têtes fêlées,
Un morceau de chair tremble à leur maigre menton :
On dirait, tournoyant dans les sombres mêlées,
Des preux, raides, heurtant armures de carton.

Hurrah ! la bise siffle au grand bal des squelettes !
Le gibet noir mugit comme un orgue de fer !
Les loups vont répondant des forêts violettes :
A l'horizon, le ciel est d'un rouge d'enfer...

Holà, secouez-moi ces capitans funèbres
Qui défilent, sournois, de leurs gros doigts cassés
Un chapelet d'amour sur leurs pâles vertèbres :
Ce n'est pas un moustier ici, les trépassés !

Oh ! voilà qu'au milieu de la danse macabre
Bondit dans le ciel rouge un grand squelette fou
Emporté par l'élan, comme un cheval se cabre :
Et, se sentant encor la corde raide au cou,

Crispe ses petits doigts sur son fémur qui craque
Avec des cris pareils à des ricanements,
Et, comme un baladin rentre dans la baraque,
Rebondit dans le bal au chant des ossements.

> Au gibet noir, manchot aimable,
> Dansent, dansent les paladins
> Les maigres paladins du diable,
> Les squelettes de Saladins.

LE CHATIMENT DE TARTUFE*

Tisonnant, tisonnant son cœur amoureux sous
Sa chaste robe noire, heureux, la main gantée,

Un jour qu'il s'en allait, effroyablement doux,
Jaune, bavant la foi de sa bouche édentée,

Un jour qu'il s'en allait, « Oremus », — un Méchant
Le prit rudement par son oreille benoîte
Et lui jeta des mots affreux, en arrachant
Sa chaste robe noire autour de sa peau moite !

Châtiment !... Ses habits étaient déboutonnés,
Et le long chapelet des péchés pardonnés
S'égrenant dans son cœur, Saint Tartufe était pâle !...

Donc, il se confessait, priait, avec un râle !
L'homme se contenta d'emporter ses rabats...
— Peuh ! Tartufe était nu du haut jusques en bas !

VÉNUS ANADYOMÈNE*

COMME d'un cercueil vert en fer blanc, une tête
De femme à cheveux bruns fortement pommadés
D'une vieille baignoire émerge, lente et bête,
Avec des déficits assez mal ravaudés ;

Puis le col gras et gris, les larges omoplates
Qui saillent ; le dos court qui rentre et qui ressort ;
Puis les rondeurs des reins semblent prendre l'essor ;
La graisse sous la peau paraît en feuilles plates ;

L'échine est un peu rouge, et le tout sent un goût
Horrible étrangement ; on remarque surtout
Des singularités qu'il faut voir à la loupe...

Les reins portent deux mots gravés : Clara Venus ;
— Et tout ce corps remue et tend sa large croupe
Belle hideusement d'un ulcère à l'anus.

                                            27 juillet 1870.

PREMIÈRE SOIRÉE*

— Elle était fort déshabillée
Et de grands arbres indiscrets
Aux vitres jetaient leur feuillée
Malinement, tout près, tout près.

Assise sur ma grande chaise,
Mi-nue, elle joignait les mains.
Sur le plancher frissonnaient d'aise
Ses petits pieds si fins, si fins.

— Je regardai, couleur de cire,
Un petit rayon buissonnier
Papillonner dans son sourire
Et sur son sein, — mouche au rosier.

— Je baisai ses fines chevilles.
Elle eut un doux rire brutal
Qui s'égrenait en claires trilles,
Un joli rire de cristal.

Les petits pieds sous la chemise
Se sauvèrent : « Veux-tu finir ! »
— La première audace permise,
Le rire feignait de punir !

— Pauvrets palpitants sous ma lèvre,
Je baisai doucement ses yeux :
— Elle jeta sa tête mièvre
En arrière : « Oh ! c'est encor mieux !...

Monsieur, j'ai deux mots à te dire... »
— Je lui jetai le reste au sein
Dans un baiser, qui la fit rire
D'un bon rire qui voulait bien...

— Elle était fort déshabillée
Et de grands arbres indiscrets
Aux vitres jetaient leur feuillée
Malinement, tout près, tout près.

LES REPARTIES DE NINA*

. . . .

Lui — Ta poitrine sur ma poitrine,
  Hein ! Nous irions,
Ayant de l'air plein la narine,
  Aux frais rayons

Du bon matin bleu, qui vous baigne
  Du vin de jour ?...
Quand tout le bois frissonnant saigne
  Muet d'amour

De chaque branche, gouttes vertes,
  Des bourgeons clairs,
On sent dans les choses ouvertes
  Frémir des chairs :

Tu plongerais dans la luzerne
  Ton blanc peignoir,
Rosant à l'air ce bleu qui cerne
  Ton grand œil noir,

Amoureuse de la campagne,
  Semant partout,
Comme une mousse de champagne,
  Ton rire fou :

Riant à moi, brutal d'ivresse,
  Qui te prendrais
Comme cela, — la belle tresse,
  Oh ! — qui boirais

Ton goût de framboise et de fraise,
  Ô chair de fleur !
Riant au vent qui te baise
  Comme un voleur,

Au rose, églantier qui t'embête
  Aimablement :
Riant surtout, ô folle tête,
  A ton amant !...

. . . .

Dix-sept ans ! Tu seras heureuse !
  Oh ! les grands prés,
La grande campagne amoureuse !
  — Dis, viens plus près** !...

— Ta poitrine sur ma poitrine,
  Mêlant nos voix,
Lents, nous gagnerions la ravine,
  Puis les grands bois !...

Puis, comme une petite morte,
  Le cœur pâmé,
Tu me dirais que je te porte,
  L'œil mi-fermé...

Je te porterais, palpitante,
  Dans le sentier :
L'oiseau filerait son andante :
  Au Noisetier...

Je te parlerais dans ta bouche ;
    J'irais, pressant
Ton corps, comme une enfant qu'on couche,
    Ivre du sang

Qui coule, bleu, sous ta peau blanche
    Aux tons rosés :
Et te parlant la langue franche...
    Tiens !... — que tu sais...

Nos grands bois sentiraient la sève,
    Et le soleil
Sablerait d'or fin leur grand rêve
    Vert et vermeil.

....

Le soir ?... Nous reprendrons la route
    Blanche qui court
Flânant, comme un troupeau qui broute,
    Tout à l'entour

Les bons vergers à l'herbe bleue,
    Aux pommiers tors !
Comme on les sent toute une lieue
    Leurs parfums forts*** !

Nous regagnerons le village
    Au ciel mi-noir ;
Et ça sentira le laitage
    Dans l'air du soir ;

Ça sentira l'étable, pleine
    De fumiers chauds,
Pleine d'un lent rhythme d'haleine,
    Et de grands dos

Blanchissant sous quelque lumière ;
    Et, tout là-bas,
Une vache fientera, fière,
    A chaque pas...

— Les lunettes de la grand'mère
    Et son nez long
Dans son missel ; le pot de bière
    Cerclé de plomb,

Moussant entre les larges pipes
    Qui, crânement,
Fument : les effroyables lippes
    Qui, tout fumant,

Happent le jambon aux fourchettes
    Tant, tant et plus :
Le feu qui claire les couchettes
    Et les bahuts.

Les fesses luisantes et grasses
    D'un gros enfant
Qui fourre, à genoux, dans les tasses,
    Son museau blanc

Frôlé par un mufle qui gronde
    D'un ton gentil,
Et pourlèche la face ronde
    Du cher petit...

....

Noire, rogue au bord de sa chaise,
    Affreux profil,
Une vieille devant la braise
    Qui fait du fil**** ;

Que de choses verrons-nous, chère,
    Dans ces taudis,
Quand la flamme illumine, claire,
    Les carreaux gris !...

— Puis, petite et toute nichée
    Dans les lilas
Noirs et frais : la vitre cachée,
    Qui rit là-bas...

Tu viendras, tu viendras, je t'aime !
    Ce sera beau.
Tu viendras, n'est-ce pas, et même...

ELLE — Et mon bureau ?

15 août 1870.

A LA MUSIQUE*

Place de la Gare, à Charleville.

SUR la place taillée en mesquines pelouses,
Square où tout est correct, les arbres et les fleurs,
Tous les bourgeois poussifs qu'étranglent les chaleurs
Portent, les jeudis soirs, leurs bêtises jalouses.

— L'orchestre militaire, au milieu du jardin,
Balance ses schakos dans la Valse des fifres :
— Autour, aux premiers rangs, parade le gandin ;
Le notaire pend à ses breloques à chiffres.

Des rentiers à lorgnons soulignent tous les couacs :
Les gros bureaux** bouffis traînent leurs grosses dames
Auprès desquelles vont, officieux cornacs***,
Celles dont les volants ont des airs de réclames ;

Sur les bancs verts, des clubs d'épiciers retraités
Qui tisonnent le sable avec leur canne à pomme,
Fort sérieusement discutent les traités,
Puis prisent en argent, et reprennent : « En somme !... »

Épatant sur son banc les rondeurs de ses reins,
Un bourgeois à boutons clairs, bedaine flamande,
Savoure son onnaing d'où le tabac par brins
Déborde — vous savez, c'est de la contrebande ; —

Le long des gazons verts ricanent les voyous ;
Et, rendus amoureux par le chant des trombones,
Très naïfs, et fumant des roses, les pioupious
Caressent les bébés pour enjôler les bonnes...

— Moi, je suis, débraillé comme un étudiant,
Sous les marronniers verts les alertes fillettes :
Elles le savent bien ; et tournent en riant,
Vers moi, leurs yeux tout pleins de choses indiscrètes.

Je ne dis pas un mot : je regarde toujours
La chair de leurs cous blancs brodés de mèches folles :
Je suis, sous le corsage et les frêles atours,
Le dos divin après la courbe des épaules.

J'ai bientôt déniché la bottine, le bas...
— Je reconstruis les corps, brûlé de belles fièvres.
Elles me trouvent drôle et se parlent tout bas...
— Et mes désirs brutaux s'accrochent à leurs lèvres****.

LES EFFARÉS*

Noirs dans la neige et dans la brume,
Au grand soupirail qui s'allume,
        Leurs culs en rond,

A genoux, cinq petits, — misère ! —
Regardent le Boulanger faire
    Le lourd pain blond.

Ils voient le fort bras blanc qui tourne
La pâte grise et qui l'enfourne
    Dans un trou clair.

Ils écoutent le bon pain cuire.
Le Boulanger au gras sourire
    Grogne un vieil air.

Ils sont blottis, pas un ne bouge,
Au souffle du soupirail rouge
    Chaud comme un sein.

Quand pour quelque médianoche,
Façonné comme une brioche
    On sort le pain,

Quand, sous les poutres enfumées,
Chantent les croûtes parfumées
    Et les grillons,

Que ce trou chaud souffle la vie,
Ils ont leur âme si ravie
    Sous leurs haillons,

Ils se ressentent si bien vivre,
Les pauvres Jésus pleins de givre,
    Qu'ils sont là tous**,

Collant leurs petits museaux roses
Au treillage, grognant des choses
    Entre les trous,

Tout bêtes, faisant leurs prières
Et repliés vers ces lumières
    Du ciel rouvert,

Si fort, qu'ils crèvent leur culotte
Et que leur chemise tremblotte
    Au vent d'hiver.

ROMAN*

I

On n'est pas sérieux, quand on a dix-sept ans.
— Un beau soir, foin des bocks et de la limonade,
Des cafés tapageurs aux lustres éclatants !
— On va sous les tilleuls verts de la promenade.

Les tilleuls sentent bon dans les bons soirs de juin !
L'air est parfois si doux, qu'on ferme la paupière ;
Le vent chargé de bruits, — la ville n'est pas loin, —
A des parfums de vigne et des parfums de bière...

II

— Voilà qu'on aperçoit un tout petit chiffon
D'azur sombre, encadré d'une petite branche,
Piqué d'une mauvaise étoile, qui se fond
Avec de doux frissons, petite et toute blanche...

Nuit de juin ! Dix-sept ans ! — On se laisse griser.
La sève est du champagne et vous monte à la tête...
On divague ; on se sent aux lèvres un baiser
Qui palpite là, comme une petite bête...

III

Le cœur fou Robinsonne à travers les romans,
— Lorsque, dans la clarté d'un pâle réverbère,

Passe une demoiselle aux petits airs charmants,
Sous l'ombre du faux-col effrayant de son père...

Et, comme elle vous trouve immensément naïf,
Tout en faisant trotter ses petites bottines,
Elle se tourne, alerte et d'un mouvement vif...
— Sur vos lèvres alors meurent les cavatines...

IV

Vous êtes amoureux. Loué jusqu'au mois d'août.
Vous êtes amoureux. — Vos sonnets La font rire.
Tous vos amis s'en vont, vous êtes mauvais goût.
— Puis l'adorée, un soir, a daigné vous écrire... !

— Ce soir-là,... — vous rentrez aux cafés éclatants,
Vous demandez des bocks ou de la limonade...
— On n'est pas sérieux, quand on a dix-sept ans
Et qu'on a des tilleuls verts sur la promenade.

29 septembre 70.

« ...Français de soixante-dix, bona-
partistes, républicains, souvenez-vous
de vos pères en 92, etc... »
....
Paul de Cassagnac.
— *Le Pays.* —

Morts de Quatre-vingt-douze et de Quatre-vingt-treize*,
Qui, pâles du baiser fort de la liberté,
Calmes, sous vos sabots, brisiez le joug qui pèse
Sur l'âme et sur le front de toute humanité ;

Hommes extasiés et grands dans la tourmente,
Vous dont les cœurs sautaient d'amour sous les haillons,

Ô Soldats que la Mort a semés, noble Amante,
Pour les régénérer, dans tous les vieux sillons ;

Vous dont le sang lavait toute grandeur salie,
Morts de Valmy, Morts de Fleurus, Morts d'Italie,
Ô million de Christs aux yeux sombres et doux ;

Nous vous laissions dormir avec la République,
Nous, courbés sous les rois comme sous une trique.
— Messieurs de Cassagnac nous reparlent de vous !

Fait à Mazas, 3 septembre 1870.

LE MAL*

TANDIS que les crachats rouges de la mitraille
Sifflent tout le jour par l'infini du ciel bleu ;
Qu'écarlates ou verts**, près du Roi qui les raille,
Croulent les bataillons en masse dans le feu ;

Tandis qu'une folie épouvantable broie
Et fait de cent milliers d'hommes un tas fumant ;
— Pauvres morts ! dans l'été, dans l'herbe, dans ta joie,
Nature ! ô toi qui fis ces hommes saintement !... —

— Il est un Dieu, qui rit aux nappes damassées
Des autels, à l'encens, aux grands calices d'or ;
Qui dans le bercement des hosannah s'endort,

Et se réveille, quand des mères, ramassées
Dans l'angoisse, et pleurant sous leur vieux bonnet noir,
Lui donnent un gros sou lié dans leur mouchoir !

RAGES DE CÉSARS*

L'HOMME pâle, le long des pelouses fleuries**,
Chemine, en habit noir, et le cigare aux dents :
L'Homme pâle repense aux fleurs des Tuileries
— Et parfois son œil terne a des regards ardents...

Car l'Empereur est soûl de ses vingt ans d'orgie !
Il s'était dit : « Je vais souffler la Liberté
Bien délicatement, ainsi qu'une bougie ! »
La liberté revit ! Il se sent éreinté !

Il est pris. — Oh ! quel nom sur ses lèvres muettes
Tressaille ? Quel regret implacable le mord ?
On ne le saura pas. L'Empereur a l'œil mort.

Il repense peut-être au Compère en lunettes***...
— Et regarde filer de son cigare en feu,
Comme aux soirs de Saint-Cloud****, un fin nuage bleu.

A*** Elle

RÊVÉ POUR L'HIVER*

L'HIVER, nous irons dans un petit wagon rose
    Avec des coussins bleus.
Nous serons bien. Un nid de baisers fous repose
    Dans chaque coin moelleux.

Tu fermeras l'œil, pour ne point voir, par la glace,
    Grimacer les ombres des soirs,
Ces monstruosités hargneuses, populace
    De démons noirs et de loups noirs.

Puis tu te sentiras la joue égratignée...
Un petit baiser, comme une folle araignée,
    Te courra par le cou...

Et tu me diras : « Cherche ! » en inclinant la tête,
— Et nous prendrons du temps à trouver cette bête
    — Qui voyage beaucoup...

En Wagon, le 7 octobre 70.

LE DORMEUR DU VAL*

C'est un trou de verdure où chante une rivière
Accrochant follement aux herbes des haillons
D'argent ; où le soleil, de la montagne fière,
Luit : c'est un petit val qui mousse de rayons.

Un soldat jeune, bouche ouverte, tête nue,
Et la nuque baignant dans le frais cresson bleu,
Dort ; il est étendu dans l'herbe, sous la nue,
Pâle dans son lit vert où la lumière pleut.

Les pieds dans les glaïeuls, il dort. Souriant comme
Sourirait un enfant malade, il fait un somme :
Nature, berce-le chaudement : il a froid.

Les parfums ne font pas frissonner sa narine ;
Il dort dans le soleil, la main sur sa poitrine
Tranquille. Il a deux trous rouges au côté droit.

Octobre 1870.

AU CABARET-VERT*, cinq heures du soir

Depuis huit jours, j'avais déchiré mes bottines
Aux cailloux des chemins. J'entrais à Charleroi.
— Au Cabaret-Vert : je demandai des tartines
De beurre et du jambon qui fût à moitié froid.

Bienheureux, j'allongeai les jambes sous la table
Verte : je contemplai les sujets très naïfs
De la tapisserie. — Et ce fut adorable,
Quand la fille aux tétons énormes, aux yeux vifs,

— Celle-là, ce n'est pas un baiser qui l'épeure** ! —
Rieuse, m'apporta des tartines de beurre.
Du jambon tiède, dans un plat colorié,

Du jambon rose et blanc parfumé d'une gousse
D'ail, — et m'emplit la chope immense, avec sa mousse
Que dorait un rayon de soleil arriéré.

Octobre 70.

LA MALINE*

DANS la salle à manger brune, que parfumait
Une odeur de vernis et de fruits, à mon aise
Je ramassais un plat de je ne sais quel met
Belge, et je m'épatais dans mon immense chaise.

En mangeant, j'écoutais l'horloge, — heureux et coi.
La cuisine s'ouvrit avec une bouffée,
— Et la servante vint, je ne sais pas pourquoi,
Fichu moitié défait, malinement coiffée

Et, tout en promenant son petit doigt tremblant
Sur sa joue, un velours de pêche rose et blanc,
En faisant, de sa lèvre enfantine, une moue,

Elle arrangeait les plats, près de moi, pour m'aiser ;
— Puis, comme ça, — bien sûr, pour avoir un baiser, —
Tout bas : « Sens donc : j'ai pris une froid sur la joue... »

Charleroi, octobre 70.

L'ÉCLATANTE VICTOIRE DE SARREBRUCK*

REMPORTÉE AUX CRIS DE VIVE L'EMPEREUR !
GRAVURE BELGE
BRILLAMMENT COLORIÉE,
SE VEND A CHARLEROI, 35 CENTIMES

Au milieu, l'Empereur, dans une apothéose
Bleue et jaune, s'en va, raide, sur son dada
Flamboyant ; très heureux, — car il voit tout en rose,
Féroce comme Zeus et doux comme un papa ;

En bas, les bons Pioupious qui faisaient la sieste
Près des tambours dorés et des rouges canons,
Se lèvent gentiment. Pitou remet sa veste,
Et, tourné vers le Chef, s'étourdit de grands noms !

A droite, Dumanet, appuyé sur la crosse
De son chassepot, sent frémir sa nuque en brosse,
Et : « Vive l'Empereur !!! » — Son voisin reste coi...

Un schako surgit, comme un soleil noir... — Au centre,
Boquillon** rouge et bleu, très naïf, sur son ventre
Se dresse, et, — présentant ses derrières — : « De
[quoi ?... »

Octobre 70.

LE BUFFET*

C'est un large buffet sculpté ; le chêne sombre,
Très vieux, a pris cet air si bon des vieilles gens ;
Le buffet est ouvert, et verse dans son ombre
Comme un flot de vin vieux, des parfums engageants ;

Tout plein, c'est un fouillis de vieilles vieilleries,
De linges odorants et jaunes, de chiffons
De femmes ou d'enfants, de dentelles flétries,
De fichus de grand-mère où sont peints des griffons ;

— C'est là qu'on trouverait les médaillons, les mèches
De cheveux blancs ou blonds, les portraits, les fleurs sèches
Dont le parfum se mêle à des parfums de fruits.

— Ô buffet du vieux temps, tu sais bien des histoires,
Et tu voudrais conter tes contes, et tu bruis
Quand s'ouvrent lentement tes grandes portes noires.

Octobre 70.

MA BOHÈME*

(Fantaisie)

Je m'en allais, les poings dans mes poches crevées ;
Mon paletot aussi devenait idéal ;
J'allais sous le ciel, Muse ! et j'étais ton féal ;
Oh ! là là ! que d'amours splendides j'ai rêvées !

Mon unique culotte avait un large trou.
— Petit-Poucet rêveur, j'égrenais dans ma course
Des rimes. Mon auberge était à la Grande-Ourse.
— Mes étoiles au ciel avaient un doux frou-frou

Et je les écoutais, assis au bord des routes,
Ces bons soirs de septembre où je sentais des gouttes
De rosée à mon front, comme un vin de vigueur ;

Où, rimant au milieu des ombres fantastiques,
Comme des lyres, je tirais les élastiques
De mes souliers blessés, un pied près de mon cœur !

LES ASSIS*

Noirs de loupes, grêlés, les yeux cerclés de bagues
Vertes, leurs doigts boulus crispés à leurs fémurs,
Le sinciput plaqué de hargnosités vagues
Comme les floraisons lépreuses des vieux murs ;

Ils ont greffé dans des amours épileptiques
Leur fantasque ossature aux grands squelettes noirs
De leurs chaises ; leurs pieds aux barreaux rachitiques
S'entrelacent pour les matins et pour les soirs !

Ces vieillards ont toujours fait tresse avec leurs sièges,
Sentant les soleils vifs percaliser leur peau,
Ou, les yeux à la vitre où se fanent les neiges,
Tremblant du tremblement douloureux du crapaud.

Et les Sièges leur ont des bontés : culottée
De brun, la paille cède aux angles de leurs reins ;
L'âme des vieux soleils s'allume, emmaillotée
Dans ces tresses d'épis où fermentaient les grains.

Et les Assis, genoux aux dents, verts pianistes,
Les dix doigts sous leur siège aux rumeurs de tambour,
S'écoutent clapoter des barcarolles tristes,
Et leurs caboches vont dans des roulis d'amour.

— Oh ! ne les faites pas lever ! C'est le naufrage...
Ils surgissent, grondant comme des chats giflés,
Ouvrant lentement leurs omoplates, ô rage !
Tout leur pantalon bouffe à leurs reins boursouflés.

Et vous les écoutez, cognant leurs têtes chauves
Aux murs sombres, plaquant et plaquant leurs pieds tors,
Et leurs boutons d'habit sont des prunelles fauves
Qui vous accrochent l'œil du fond des corridors !

Puis ils ont une main invisible qui tue :
Au retour, leur regard filtre ce venin noir
Qui charge l'œil souffrant de la chienne battue,
Et vous suez, pris dans un atroce entonnoir.

Rassis, les poings noyés dans des manchettes sales,
Ils songent à ceux-là qui les ont fait lever
Et, de l'aurore au soir, des grappes d'amygdales
Sous leurs mentons chétifs s'agitent à crever.

Quand l'austère sommeil a baissé leurs visières,
Ils rêvent sur leur bras de sièges fécondés,
De vrais petits amours de chaises en lisière
Par lesquelles de fiers bureaux seront bordés ;

Des fleurs d'encre crachant des pollens en virgule
Les bercent, le long des calices accroupis
Tels qu'au fil des glaïeuls le vol des libellules
— Et leur membre s'agace à des barbes d'épis.

TÊTE DE FAUNE*

Dans la feuillée, écrin vert taché d'or,
Dans la feuillée incertaine et fleurie
De fleurs splendides où le baiser dort,
Vif et crevant l'exquise broderie,

Un faune effaré montre ses deux yeux
Et mord les fleurs rouges de ses dents blanches.
Brunie et sanglante ainsi qu'un vin vieux
Sa lèvre éclate en rires sous les branches.

Et quand il a fui — tel qu'un écureuil —
Son rire tremble encore à chaque feuille,
Et l'on voit épeuré par un bouvreuil
Le Baiser d'or du Bois, qui se recueille.

LES DOUANIERS*

Ceux qui disent : Cré Nom, ceux qui disent macache,
Soldats, marins, débris d'Empire, retraités,
Sont nuls, très nuls, devant les Soldats des Traités**
Qui tailladent l'azur frontière à grands coups d'hache.

Pipe aux dents, lame en main, profonds, pas embêtés,
Quand l'ombre bave aux bois comme un mufle de vache,
Ils s'en vont, amenant leurs dogues à l'attache,
Exercer nuitamment leurs terribles gaîtés !

Ils signalent aux lois modernes les faunesses.
Ils empoignent les Fausts et les Diavolos.
« Pas de ça, les anciens ! Déposez les ballots ! »

Quand sa sérénité s'approche des jeunesses,
Le Douanier se tient aux appas contrôlés !
Enfer aux Délinquants que sa paume a frôlés !

ORAISON DU SOIR*

Je vis assis, tel qu'un ange aux mains d'un barbier,
Empoignant une chope à fortes cannelures,
L'hypogastre et le col cambrés, une Gambier
Aux dents, sous l'air gonflé d'impalpables voilures.

Tels que les excréments chauds d'un vieux colombier,
Mille Rêves en moi font de douces brûlures :
Puis par instants mon cœur triste est comme un aubier
Qu'ensanglante l'or jeune et sombre des coulures.

Puis, quand j'ai ravalé mes rêves avec soin,
Je me tourne, ayant bu trente ou quarante chopes,
Et me recueille, pour lâcher l'âcre besoin :

Doux comme le Seigneur du cèdre et des hysopes,
Je pisse vers les cieux bruns, très haut et très loin,
Avec l'assentiment des grands héliotropes.

LE CŒUR VOLÉ*

Mon triste cœur bave à la poupe,
Mon cœur couvert de caporal :
Ils y lancent des jets de soupe,
Mon triste cœur bave à la poupe :
Sous les quolibets de la troupe
Qui pousse un rire général,
Mon triste cœur bave à la poupe,
Mon cœur couvert de caporal !

Ithyphalliques et pioupiesques,
Leurs quolibets l'ont dépravé !
Au gouvernail on voit des fresques
Ithyphalliques et pioupiesques.
Ô flots abracadabrantesques,
Prenez mon cœur, qu'il soit lavé !
Ithyphalliques et pioupiesques,
Leurs quolibets l'ont dépravé !

Quand ils auront tari leurs chiques,
Comment agir, ô cœur volé ?
Ce seront des hoquets bachiques
Quand ils auront tari leurs chiques :
J'aurai des sursauts stomachiques,
Moi, si mon cœur est ravalé :
Quand ils auront tari leurs chiques
Comment agir, ô cœur volé ?

Mai 1871.

CHANT DE GUERRE PARISIEN*

Le Printemps est évident, car
Du cœur des Propriétés vertes,
Le vol de Thiers et de Picard
Tient ses splendeurs grandes ouvertes !

———

Ô Mai ! quels délirants culs-nus !
Sèvres, Meudon, Bagneux, Asnières,
Écoutez donc les bienvenus
Semer les choses printanières !

———

Ils ont schako, sabre et tam-tam,
Non la vieille boîte à bougies,
Et des yoles qui n'ont jam, jam...
Fendent le lac aux eaux rougies !

———

Plus que jamais nous bambochons
Quand arrivent sur nos tanières**
Crouler les jaunes cabochons
Dans des aubes particulières !

———

Thiers et Picard sont des Éros***,
Des enleveurs d'héliotropes ;
Au pétrole ils font des Corots :
Voici hannetonner leurs tropes...

———

Ils sont familiers du Grand Truc !...
Et couché dans les glaïeuls, Favre****
Fait son cillement aqueduc,
Et ses reniflements à poivre !

———

La grand'ville a le pavé chaud
Malgré vos douches de pétrole,
Et décidément, il nous faut
Vous secouer dans votre rôle...

——

Et les Ruraux* qui se prélassent
Dans de longs accroupissements,
Entendront des rameaux qui cassent
Parmi les rouges froissements !

MES PETITES AMOUREUSES*

Un hydrolat lacrymal lave
    Les cieux vert-chou :
Sous l'arbre tendronnier qui bave,
    Vos caoutchoucs

——

Blancs de lunes particulières
    Aux pialats ronds,
Entrechoquez vos genouillères,
    Mes laiderons !

——

Nous nous aimions à cette époque,
    Bleu laideron !
On mangeait des œufs à la coque
    Et du mouron !

——

Un soir, tu me sacras poète,
    Blond laideron :
Descends ici, que je te fouette
    En mon giron ;

——

J'ai dégueulé ta bandoline**,
     Noir laideron ;
Tu couperais ma mandoline
     Au fil du front.

———

Pouah ! mes salives desséchées,
     Roux laideron,
Infectent encor les tranchées
     De ton sein rond !

———

Ô mes petites amoureuses,
     Que je vous hais !
Plaquez de foufes*** douloureuses
     Vos tétons laids !

———

Piétinez mes vieilles terrines
     De sentiment ;
— Hop doc ! soyez-moi ballerines
     Pour un moment !...

———

Vos omoplates se déboîtent,
     Ô mes amours !
Une étoile à vos reins qui boitent
     Tournez vos tours !

———

Et c'est pourtant pour ces éclanches
     Que j'ai rimé !
Je voudrais vous casser les hanches
     D'avoir aimé !

———

Fade amas d'étoiles ratées,
     Comblez les coins !
— Vous crèverez en Dieu, Bâtées
     D'ignobles soins !

———

Sous les lunes particulières
    Aux pialats ronds,
Entrechoquez vos genouillères,
    Mes laiderons !

ACCROUPISSEMENTS*

BIEN tard, quand il se sent l'estomac écœuré,
Le frère Milotus, un œil à la lucarne
D'où le soleil, clair comme un chaudron récuré,
Lui darde une migraine et fait son regard darne**,
Déplace dans les draps son ventre de curé.

Il se démène sous sa couverture grise
Et descend, ses genoux à son ventre tremblant,
Effaré comme un vieux qui mangerait sa prise ;
Car il lui faut, le poing à l'anse d'un pot blanc,
A ses reins largement retrousser sa chemise !

Or, il s'est accroupi, frileux, les doigts de pied
Repliés, grelottant au clair soleil qui plaque
Des jaunes de brioche aux vitres de papier ;
Et le nez du bonhomme où s'allume la laque
Renifle aux rayons, tel qu'un charnel polypier.

· ·

Le bonhomme mijote au feu, bras tordus, lippe
Au ventre : il sent glisser ses cuisses dans le feu,
Et ses chausses roussir, et s'éteindre sa pipe ;
Quelque chose comme un oiseau remue un peu
A son ventre serein comme un monceau de tripe !

Autour, dort un fouillis de meubles abrutis
Dans des haillons de crasse et sur de sales ventres ;
Des escabeaux, crapauds étranges, sont blottis
Aux coins noirs : des buffets ont des gueules de chantres
Qu'entr'ouvre un sommeil plein d'horribles appétits.

L'écœurante chaleur gorge la chambre étroite ;
Le cerveau du bonhomme est bourré de chiffons.
Il écoute les poils pousser dans sa peau moite,
Et, parfois, en hoquets fort gravement bouffons
S'échappe, secouant son escabeau qui boite...
. . . .

Et le soir, aux rayons de lune, qui lui font
Aux contours du cul des bavures de lumière,
Une ombre avec détails s'accroupit, sur un fond
De neige rose ainsi qu'une rose trémière...
Fantasque, un nez poursuit Vénus au ciel profond.

LES POÈTES DE SEPT ANS*

A M. P. Demeny.

ET la Mère, fermant le livre du devoir**,
S'en allait satisfaite et très fière, sans voir,
Dans les yeux bleus et sous le front plein d'éminences,
L'âme de son enfant livrée aux répugnances.

Tout le jour il suait d'obéissance ; très
Intelligent ; pourtant des tics noirs, quelques traits,
Semblaient prouver en lui d'âcres hypocrisies.
Dans l'ombre des couloirs aux tentures moisies,
En passant il tirait la langue, les deux poings
A l'aine, et dans ses yeux fermés voyait des points.
Une porte s'ouvrait sur le soir : à la lampe
On le voyait, là-haut, qui râlait sur la rampe,

Sous un golfe de jour pendant du toit. L'été
Surtout, vaincu, stupide, il était entêté
A se renfermer dans la fraîcheur des latrines :
Il pensait là, tranquille et livrant ses narines.
Quand, lavé des odeurs du jour, le jardinet
Derrière la maison, en hiver, s'illunait,
Gisant au pied d'un mur, enterré dans la marne
Et pour des visions écrasant son œil darne***,
Il écoutait grouiller les galeux espaliers.
Pitié ! Ces enfants seuls étaient ses familiers
Qui, chétifs, fronts nus, œil déteignant sur la joue,
Cachant de maigres doigts jaunes et noirs de boue
Sous des habits puant la foire et tout vieillots,
Conversaient avec la douceur des idiots !
Et si, l'ayant surpris à des pitiés immondes,
Sa mère s'effrayait ; les tendresses, profondes,
De l'enfant se jetaient sur cet étonnement.
C'était bon. Elle avait le bleu regard, — qui ment !

A sept ans, il faisait des romans, sur la vie
Du grand désert, où luit la Liberté ravie,
Forêts, soleils, rives, savanes ! — Il s'aidait
De journaux illustrés où, rouge, il regardait
Des Espagnoles rire et des Italiennes.
Quand venait, l'œil brun, folle, en robes d'indiennes,
— Huit ans, — la fille des ouvriers d'à côté,
La petite brutale, et qu'elle avait sauté,
Dans un coin, sur son dos, en secouant ses tresses,
Et qu'il était sous elle, il lui mordait les fesses,
Car elle ne portait jamais de pantalons ;
— Et, par elle meurtri des poings et des talons,
Remportait les saveurs de sa peau dans sa chambre.

Il craignait les blafards dimanches de décembre,
Où, pommadé, sur un guéridon d'acajou,
Il lisait une Bible à la tranche vert-chou ;
Des rêves l'oppressaient chaque nuit dans l'alcôve.
Il n'aimait pas Dieu ; mais les hommes, qu'au soir fauve,

Noirs, en blouse, il voyait rentrer dans le faubourg
Où les crieurs, en trois roulements de tambour,
Font autour des édits rire et gronder les foules.
— Il rêvait la prairie amoureuse, où des houles
Lumineuses, parfums sains, pubescences d'or,
Font leur remuement calme et prennent leur essor !

Et comme il savourait surtout les sombres choses,
Quand, dans la chambre nue aux persiennes closes,
Haute et bleue, âcrement prise d'humidité,
Il lisait son roman sans cesse médité,
Plein de lourds ciels ocreux et de forêts noyées,
De fleurs de chair aux bois sidérals déployées,
Vertige, écroulements, déroutes et pitié !
— Tandis que se faisait la rumeur du quartier,
En bas, — seul, et couché sur des pièces de toile
Écrue, et pressentant violemment la voile !

26 mai 1871.

LES PAUVRES A L'ÉGLISE*

PARQUÉS entre des bancs de chêne, aux coins d'église
Qu'attiédit puamment leur souffle, tous leurs yeux
Vers le chœur ruisselant d'orrie** et la maîtrise
Aux vingt gueules gueulant les cantiques pieux ;

Comme un parfum de pain humant l'odeur de cire,
Heureux, humiliés comme des chiens battus,
Les Pauvres au bon Dieu, le patron et le sire,
Tendent leurs oremus risibles et têtus.

Aux femmes, c'est bien bon de faire des bancs lisses,
Après les six jours noirs où Dieu les fait souffrir !
Elles bercent, tordus dans d'étranges pelisses,
Des espèces d'enfants qui pleurent à mourir.

Leurs seins crasseux dehors, ces mangeuses de soupe,
Une prière aux yeux et ne priant jamais,
Regardent parader mauvaisement un groupe
De gamines avec leurs chapeaux déformés.

Dehors le froid, la faim, l'homme en ribote*** :
C'est bon. Encore une heure ; après, les maux sans noms !
— Cependant, alentour, geint, nasille, chuchote
Une collection de vieilles à fanons :

Ces effarés y sont et ces épileptiques
Dont on se détournait hier aux carrefours ;
Et, fringalant du nez dans des missels antiques,
Ces aveugles qu'un chien introduit dans les cours.

Et tous, bavant la foi mendiante et stupide,
Récitent la complainte infinie à Jésus
Qui rêve en haut, jauni par le vitrail livide,
Loin des maigres mauvais et des méchants pansus,

Loin des senteurs de viande et d'étoffes moisies,
Farce prostrée et sombre aux gestes repoussants ;
— Et l'oraison fleurit d'expressions choisies,
Et les mysticités prennent des tons pressants,

Quand, des nefs où périt le soleil, plis de soie
Banals, sourires verts, les Dames des quartiers
Distingués, — ô Jésus ! — les malades du foie
Font baiser leurs longs doigts jaunes aux bénitiers.

1871.

L'ORGIE PARISIENNE

OU

PARIS SE REPEUPLE*

Ô LACHES, la voilà ! Dégorgez dans les gares !
Le soleil essuya de ses poumons ardents
Les boulevards qu'un soir comblèrent les Barbares**.
Voilà la Cité sainte, assise à l'occident !

Allez ! on préviendra les reflux d'incendie,
Voilà les quais, voilà les boulevards, voilà
Les maisons sur l'azur léger qui s'irradie
Et qu'un soir la rougeur des bombes étoila !

Cachez les palais morts dans des niches de planches !
L'ancien jour effaré rafraîchit vos regards.
Voici le troupeau roux des tordeuses de hanches :
Soyez fous, vous serez drôles, étant hagards !

Tas de chiennes en rut mangeant des cataplasmes,
Le cri des maisons d'or vous réclame. Volez !
Mangez ! Voici la nuit de joie aux profonds spasmes
Qui descend dans la rue. Ô buveurs désolés,

Buvez ! Quand la lumière arrive intense et folle,
Fouillant à vos côtés les luxes ruisselants,
Vous n'allez pas baver, sans geste, sans parole,
Dans vos verres, les yeux perdus aux lointains blancs ?

Avalez, pour la Reine aux fesses cascadantes !
Écoutez l'action des stupides hoquets
Déchirants ! Écoutez sauter aux nuits ardentes
Les idiots râleux, vieillards, pantins, laquais !

Ô cœurs de saleté, bouches épouvantables,
Fonctionnez plus fort, bouches de puanteurs !
Un vin pour ces torpeurs ignobles, sur ces tables...
Vos ventres sont fondus de hontes, ô Vainqueurs !

Ouvrez votre narine aux superbes nausées !
Trempez de poisons forts les cordes de vos cous !
Sur vos nuques d'enfants baissant ses mains croisées
Le Poète vous dit : « Ô lâches, soyez fous !

Parce que vous fouillez le ventre de la Femme,
Vous craignez d'elle encore une convulsion
Qui crie, asphyxiant votre nichée infâme
Sur sa poitrine, en une horrible pression.

Syphilitiques, fous, rois, pantins, ventriloques,
Qu'est-ce que ça peut faire à la putain Paris,
Vos âmes et vos corps, vos poisons et vos loques ?
Elle se secouera de vous, hargneux pourris !

Et quand vous serez bas, geignant sur vos entrailles,
Les flancs morts, réclamant votre argent, éperdus,
La rouge courtisane aux seins gros de batailles
Loin de votre stupeur tordra ses poings ardus !

Quand tes pieds ont dansé si fort dans les colères,
Paris ! quand tu reçus tant de coups de couteau,
Quand tu gis, retenant dans tes prunelles claires
Un peu de la bonté du fauve renouveau,

Ô cité douloureuse, ô cité quasi morte,
La tête et les deux seins jetés vers l'Avenir
Ouvrant sur ta pâleur ses milliards de portes,
Cité que le Passé sombre pourrait bénir :

Corps remagnétisé pour les énormes peines,
Tu rebois donc la vie effroyable ! tu sens
Sourdre le flux des vers livides en tes veines,
Et sur ton clair amour rôder les doigts glaçants !

Et ce n'est pas mauvais. Les vers, les vers livides
Ne gêneront pas plus ton souffle de Progrès
Que les Stryx n'éteignaient l'œil des Cariatides
Où des pleurs d'or astral tombaient des bleus degrés. »

Quoique ce soit affreux de te revoir couverte
Ainsi ; quoiqu'on n'ait fait jamais d'une cité
Ulcère plus puant à la Nature verte
Le Poète te dit : « Splendide est ta Beauté ! »

L'orage t'a sacrée suprême poésie ;
L'immense remuement des forces te secourt ;
Ton œuvre bout, la mort gronde, Cité choisie !
Amasse les strideurs au cœur du clairon sourd***.

Le Poète prendra le sanglot des Infâmes,
La haine des Forçats, la clameur des Maudits ;
Et ses rayons d'amour flagelleront les Femmes.
Ses strophes bondiront : Voilà ! voilà ! bandits !

— Société, tout est rétabli : — les orgies
Pleurent leur ancien râle aux anciens lupanars :
Et les gaz en délire, aux murailles rougies,
Flambent sinistrement vers les azurs blafards !

Mai 1871.

LES MAINS DE JEANNE-MARIE*

JEANNE-MARIE a des mains fortes,
Mains sombres que l'été tanna,
Mains pâles comme des mains mortes.
— Sont-ce des mains de Juana ?

Ont-elles pris les crèmes brunes
Sur les mares des voluptés ?
Ont-elles trempé dans des lunes
Aux étangs de sérénités ?

Ont-elles bu des cieux barbares,
Calmes sur les genoux charmants ?

Ont-elles roulé des cigares
Ou trafiqué des diamants ?

Sur les pieds ardents des Madones
Ont-elles fané des fleurs d'or ?
C'est le sang noir des belladones
Qui dans leur paume éclate et dort.

Mains chasseresses des diptères
Dont bombinent les bleuisons**
Aurorales, vers les nectaires ?
Mains décanteuses de poisons ?

Oh ! quel Rêve les a saisies
Dans les pandiculations ?
Un rêve inouï des Asies,
Des Khenghavars ou des Sions ?

— Ces mains n'ont pas vendu d'oranges,
Ni bruni sur les pieds des dieux :
Ces mains n'ont pas lavé les langes
De lourds petits enfants sans yeux.

Ce ne sont pas mains de cousine
Ni d'ouvrières aux gros fronts
Que brûle, aux bois puant l'usine,
Un soleil ivre de goudrons.

Ce sont des ployeuses*** d'échines,
Des mains qui ne font jamais mal,
Plus fatales que des machines,
Plus fortes que tout un cheval !

Remuant comme des fournaises,
Et secouant tous ses frissons,
Leur chair chante des Marseillaises
Et jamais les Eleisons**** !

Ça serrerait vos cous, ô femmes
Mauvaises, ça broierait vos mains,
Femmes nobles, vos mains infâmes
Pleines de blancs et de carmins.

L'éclat de ces mains amoureuses
Tourne le crâne des brebis !
Dans leurs phalanges savoureuses
Le grand soleil met un rubis !

Une tache de populace
Les brunit comme un sein d'hier ;
Le dos de ces Mains est la place
Qu'en baisa tout Révolté fier !

Elles ont pâli, merveilleuses,
Au grand soleil d'amour chargé,
Sur le bronze des mitrailleuses
A travers Paris insurgé !

Ah ! quelquefois, ô Mains sacrées,
A vos poings, Mains où tremblent nos
Lèvres jamais désenivrées,
Crie une chaîne aux clairs anneaux !

Et c'est un soubresaut étrange
Dans nos êtres, quand, quelquefois,
On veut vous déhâler, Mains d'ange,
En vous faisant saigner les doigts* !

LES SŒURS DE CHARITÉ*

Le jeune homme dont l'œil est brillant, la peau brune,
Le beau corps de vingt ans qui devrait aller nu,
Et qu'eût, le front cerclé de cuivre, sous la lune
Adoré, dans la Perse un Génie inconnu,

Impétueux avec des douceurs virginales
Et noires, fier de ses premiers entêtements,
Pareil aux jeunes mers, pleurs de nuits estivales,
Qui se retournent sur des lits de diamants ;

Le jeune homme, devant les laideurs de ce monde
Tressaille dans son cœur largement irrité,
Et plein de la blessure éternelle et profonde,
Se prend à désirer sa sœur de charité.

Mais, ô Femme, monceau d'entrailles, pitié douce,
Tu n'es jamais la Sœur de charité, jamais,
Ni regard noir, ni ventre où dort une ombre rousse,
Ni doigts légers, ni seins splendidement formés.

Aveugle irréveillée aux immenses prunelles,
Tout notre embrassement n'est qu'une question :
C'est toi qui pends à nous, porteuse de mamelles,
Nous te berçons, charmante et grave Passion.

Tes haines, tes torpeurs fixes, tes défaillances,
Et les brutalités souffertes autrefois,
Tu nous rends tout, ô Nuit pourtant sans malveillances
Comme un excès de sang épanché tous les mois.

— Quand la femme, portée un instant, l'épouvante,
Amour, appel de vie et chanson d'action,
Viennent la Muse verte et la Justice ardente
Le déchirer de leur auguste obsession.

Ah ! sans cesse altéré des splendeurs et des calmes,
Délaissé des deux Sœurs implacables, geignant
Avec tendresse après la science aux bras almes,
Il porte à la nature en fleur son front saignant.

Mais la noire alchimie et les saintes études
Répugnent au blessé, sombre savant d'orgueil ;
Il sent marcher sur lui d'atroces solitudes.
Alors, et toujours beau, sans dégoût du cercueil,

Qu'il croie aux vastes fins, Rêves ou Promenades
Immenses, à travers les nuits de Vérité,
Et t'appelle en son âme et ses membres malades,
Ô Mort mystérieuse, ô sœur de charité !

Juin 1871.

LES CHERCHEUSES DE POUX*

QUAND le front de l'enfant, plein de rouges tourmentes,
Implore l'essaim blanc des rêves indistincts,
Il vient près de son lit deux grandes sœurs charmantes
Avec de frêles doigts aux ongles argentins.

Elles assoient l'enfant devant une croisée
Grande ouverte où l'air bleu baigne un fouillis de fleurs,
Et dans ses lourds cheveux où tombe la rosée
Promènent leurs doigts fins, terribles et charmeurs.

Il écoute chanter leurs haleines craintives
Qui fleurent de longs miels végétaux et rosés,
Et qu'interrompt parfois un sifflement, salives
Reprises sur la lèvre ou désirs de baisers.

Il entend leurs cils noirs battant sous les silences
Parfumés ; et leurs doigts électriques et doux
Font crépiter parmi ses grises indolences
Sous leurs ongles royaux la mort des petits poux.

Voilà que monte en lui le vin de la Paresse,
Soupir d'harmonica qui pourrait délirer ;
L'enfant se sent, selon la lenteur des caresses,
Sourdre et mourir sans cesse un désir de pleurer.

LES PREMIÈRES COMMUNIONS*

I

Vraiment, c'est bête, ces églises des villages
Où quinze laids marmots encrassant les piliers
Écoutent, grasseyant les divins babillages,
Un noir grotesque dont fermentent les souliers :
Mais le soleil éveille, à travers les feuillages,
Les vieilles couleurs des vitraux irréguliers.

La pierre sent toujours la terre maternelle.
Vous verrez des monceaux de ces cailloux terreux
Dans la campagne en rut qui frémit solennelle,
Portant près des blés lourds, dans les sentiers ocreux
Ces arbrisseaux brûlés où bleuit la prunelle,
Des nœuds de mûriers noirs et de rosiers fuireux**.

Tous les cent ans on rend ces granges respectables
Par un badigeon d'eau bleue et de lait caillé :
Si des mysticités grotesques sont notables
Près de la Notre-Dame ou du Saint empaillé,
Des mouches sentant bon l'auberge et les étables
Se gorgent de cire au plancher ensoleillé.

L'enfant se doit surtout à la maison, famille
Des soins naïfs, des bons travaux abrutissants ;
Ils sortent, oubliant que la peau leur fourmille
Où le Prêtre du Christ plaqua ses doigts puissants.
On paie au Prêtre un toit ombré d'une charmille
Pour qu'il laisse au soleil tous ces fronts brunissants.

Le premier habit noir, le plus beau jour de tartes,
Sous le Napoléon ou le Petit Tambour
Quelque enluminure où les Josephs et les Marthes

Tirent la langue avec un excessif amour
Et que joindront, au jour de science, deux cartes,
Ces seuls doux souvenirs lui restent du grand jour.

Les filles vont toujours à l'église, contentes
De s'entendre appeler garces par les garçons
Qui font du genre après Messes ou vêpres chantantes.
Eux qui sont destinés au chic des garnisons,
Ils narguent au café les maisons importantes,
Blousés neuf, et gueulant d'effroyables chansons.

Cependant le Curé choisit pour les enfances
Des dessins ; dans son dos, les vêpres dites, quand
L'air s'emplit du lointain nasillement des danses,
Il se sent, en dépit des célestes défenses,
Les doigts de pied ravis et le mollet marquant ;

— La Nuit vient, noir pirate aux cieux d'or débarquant.

II

Le Prêtre a distingué parmi les catéchistes,
Congrégés des Faubourgs ou des Riches Quartiers,
Cette petite fille inconnue, aux yeux tristes,
Front jaune. Les parents semblent de doux portiers.
« Au grand Jour, le marquant parmi les Catéchistes,
Dieu fera sur ce front neiger ses bénitiers. »

III

La veille du grand Jour, l'enfant se fait malade.
Mieux qu'à l'Église haute aux funèbres rumeurs,
D'abord le frisson vient, — le lit n'étant pas fade —
Un frisson surhumain qui retourne : « Je meurs... »

Et, comme un vol d'amour fait à ses sœurs stupides,
Elle compte, abattue et les mains sur son cœur,
Les Anges, les Jésus et ses Vierges nitides***
Et, calmement, son âme a bu tout son vainqueur.

Adonaï !... — Dans les terminaisons latines,
Des cieux moirés de vert baignent les Fronts vermeils,
Et, tachés du sang pur des célestes poitrines,
De grandes linges neigeux tombent sur les soleils !

— Pour ses virginités présentes et futures
Elle mord aux fraîcheurs de ta Rémission,
Mais plus que les lys d'eau, plus que les confitures,
Tes pardons sont glacés, ô Reine de Sion !

IV

Puis la Vierge n'est plus que la vierge du livre.
Les mystiques élans se cassent quelquefois...
Et vient la pauvreté des images, que cuivre
L'ennui, l'enluminure atroce et les vieux bois ;

Des curiosités vaguement impudiques
Épouvantent le rêve aux chastes bleuités
Qui s'est surpris autour des célestes tuniques,
Du linge dont Jésus voile ses nudités.

Elle veut, elle veut, pourtant, l'âme en détresse,
Le front dans l'oreiller creusé par les cris sourds,
Prolonger les éclairs suprêmes de tendresse,
Et bave... — L'ombre emplit les maisons et les cours.

Et l'enfant ne peut plus. Elle s'agite, cambre
Les reins et d'une main ouvre le rideau bleu
Pour amener un peu la fraîcheur de la chambre
Sous le drap, vers son ventre et sa poitrine en feu...

V

A son réveil, — minuit, — la fenêtre était blanche.
Devant le sommeil bleu des rideaux illunés,
La vision la prit des candeurs du dimanche ;
Elle avait rêvé rouge. Elle saigna du nez,

Et se sentant bien chaste et pleine de faiblesse
Pour savourer en Dieu son amour revenant,
Elle eut soif de la nuit où s'exalte et s'abaisse
Le cœur, sous l'œil des cieux doux, en les devinant ;

De la nuit, Vierge-Mère impalpable, qui baigne
Tous les jeunes émois de ses silences gris ;
Elle eut soif de la nuit forte où le cœur qui saigne
Écoule sans témoin sa révolte sans cris.

Et faisant la victime et la petite épouse,
Son étoile la vit, une chandelle aux doigts,
Descendre dans la cour où séchait une blouse,
Spectre blanc, et lever les spectres noirs des toits.

VI

Elle passa sa nuit sainte dans les latrines.
Vers la chandelle, aux trous du toit coulait l'air blanc,
Et quelque vigne folle aux noirceurs purpurines,
En deçà d'une cour voisine s'écroulant.

La lucarne faisait un cœur de lueur vive
Dans la cour où les cieux bas plaquaient d'ors vermeils
Les vitres ; les pavés puant l'eau de lessive
Soufraient**** l'ombre des murs bondés de noirs
                                              [sommeils.
. . . .

VII

Qui dira ces langueurs et ces pitiés immondes,
Et ce qu'il lui viendra de haine, ô sales fous,
Dont le travail divin déforme encor les mondes,
Quand la lèpre à la fin mangera ce corps doux ?
. . . .

VIII

Et quand, ayant rentré tous ses nœuds d'hystéries,
Elle verra, sous les tristesses du bonheur,
L'amant rêver au blanc million des Maries,
Au matin de la nuit d'amour, avec douleur :

«Sais-tu que je t'ai fait mourir ? J'ai pris ta bouche,
Ton cœur, tout ce qu'on a, tout ce que vous avez ;
Et moi, je suis malade : Oh ! je veux qu'on me couche
Parmi les Morts des eaux nocturnes abreuvés !

«J'étais bien jeune, et Christ a souillé mes haleines.
Il me bonda jusqu'à la gorge de dégoûts !
Tu baisais mes cheveux profonds comme des laines,
Et je me laissais faire... ah ! va, c'est bon pour vous,

«Hommes ! qui songez peu que la plus amoureuse
Est, sous sa conscience aux ignobles terreurs,
La plus prostituée et la plus douloureuse,
Et que tous nos élans vers vous sont des erreurs !

«Car ma Communion première est bien passée.
Tes baisers, je ne puis jamais les avoir sus :
Et mon cœur et ma chair par ta chair embrassée
Fourmillent du baiser putride de Jésus ! »

IX

Alors l'âme pourrie et l'âme désolée
Sentiront ruisseler tes malédictions.
— Ils auront couché sur ta Haine inviolée ;
Échappés, pour la mort, des justes passions,

Christ ! ô Christ, éternel voleur des énergies,
Dieu qui pour deux mille ans vouas à ta pâleur,
Cloués au sol, de honte et de céphalalgies,
Ou renversés, les fronts des femmes de douleur.

Juillet 1871.

LE JUSTE RESTAIT DROIT*...

Le Juste restait droit sur ses hanches solides :
Un rayon lui dorait l'épaule ; des sueurs
Me prirent : « Tu veux voir rutiler les bolides ?
Et, debout, écouter bourdonner les flueurs
D'astres lactés, et les essaims d'astéroïdes ?

« Par des farces de nuit ton front est épié,
Ô Juste ! Il faut gagner un toit. Dis ta prière,
La bouche dans ton drap doucement expié ;
Et si quelque égaré choque ton ostiaire,
Dis : Frère, va plus loin, je suis estropié ! »

Et le Juste restait debout, dans l'épouvante
Bleuâtre des gazons après le soleil mort :
« Alors, mettrais-tu tes genouillères en vente,
Ô Vieillard ? Pèlerin sacré ! Barde d'Armor !
Pleureur des Oliviers ! Main que la pitié gante !

« Barbe de la famille et poing de la cité,
Croyant très doux : ô cœur tombé dans les calices,
Majestés et vertus, amour et cécité,

Juste ! plus bête et plus dégoûtant que les lices** !
Je suis celui qui souffre et qui s'est révolté !

« Et ça me fait pleurer sur mon ventre, ô stupide,
Et bien rire, l'espoir fameux de ton pardon !
Je suis maudit, tu sais ! je suis soûl, fou, livide,
Ce que tu veux ! Mais va te coucher, voyons donc,
Juste ! Je ne veux rien à ton cerveau torpide.

« C'est toi le Juste, enfin, le Juste ! C'est assez !
C'est vrai que ta tendresse et ta raison sereines
Reniflent dans la nuit comme des cétacés,
Que tu te fais proscrire et dégoises des thrènes***
Sur d'effroyables becs-de-cane fracassés !

« Et c'est toi l'œil de Dieu ! le lâche ! Quand les plantes
Froides des pieds divins passeraient sur mon cou,
Tu es lâche ! Ô ton front qui fourmille de lentes !
Socrates et Jésus, Saints et Justes, dégoût !
Respectez le Maudit suprême aux nuits sanglantes ! »

J'avais crié cela sur la terre, et la nuit
Calme et blanche occupait les cieux pendant ma fièvre.
Je relevai mon front : le fantôme avait fui,
Emportant l'ironie atroce de ma lèvre...
— Vents nocturnes, venez au Maudit ! Parlez-lui,

Cependant que silencieux sous les pilastres
D'azur, allongeant les comètes et les nœuds
D'univers, remuement énorme sans désastres,
L'Ordre, éternel veilleur, rame aux cieux lumineux
Et de sa drague en feu laisse filer les astres !

Ah ! qu'il s'en aille, lui, la gorge cravatée
De honte, ruminant toujours mon ennui, doux
Comme le sucre sur la denture gâtée,
— Tel que la chienne après l'assaut des fiers toutous,
Léchant son flanc d'où part une entraille emportée.

Qu'il dise charités crasseuses et progrès...
— J'exècre tous ces yeux de Chinois à bedaines,
Puis qui chante : nana, comme un tas d'enfants près
De mourir, idiots doux aux chansons soudaines :
Ô Justes, nous chierons dans vos ventres de grès !

A Monsieur Théodore de Banville

CE QU'ON DIT AU POÈTE
A PROPOS DE FLEURS*

I

AINSI, toujours, vers l'azur noir
Où tremble la mer des topazes,
Fonctionneront dans ton soir
Les Lys**, ces clystères d'extases !

A notre époque de sagous,
Quand les Plantes sont travailleuses,
Le Lys boira les bleus dégoûts
Dans tes Proses religieuses !

— Le lys de monsieur de Kerdrel***,
Le Sonnet de mil huit cent trente,
Le Lys qu'on donne au Ménestrel
Avec l'œillet et l'amarante !

Des lys ! Des lys ! On n'en voit pas !
Et dans ton Vers, tel que les manches
Des Pécheresses aux doux pas,
Toujours frissonnent ces fleurs blanches !

Toujours, Cher, quand tu prends un bain,
Ta Chemise aux aisselles blondes
Se gonfle aux brises du matin
Sur les myosotis immondes !

L'amour ne passe à tes octrois
Que les Lilas, — ô balançoires !
Et les Violettes du Bois*,
Crachats sucrés des Nymphes noires !...

II

Ô Poètes, quand vous auriez
Les Roses, les Roses soufflées,
Rouges sur tiges de lauriers,
Et de mille octaves enflées !

Quand BANVILLE en ferait neiger,
Sanguinolentes, tournoyantes,
Pochant l'œil fou de l'étranger
Aux lectures mal bienveillantes !

De vos forêts et de vos prés,
Ô très paisibles photographes !
La Flore est diverse à peu près
Comme des bouchons de carafes !

Toujours les végétaux Français,
Hargneux, phtisiques, ridicules,
Où le ventre des chiens bassets
Navigue en paix, aux crépuscules ;

Toujours, après d'affreux dessins
De Lotos bleus ou d'Hélianthes**,
Estampes roses, sujets saints
Pour de jeunes communiantes !

L'Ode Açoka cadre avec la
Strophe en fenêtre de lorette ;
Et de lourds papillons d'éclat
Fientent sur la Pâquerette

Vieilles verdures, vieux galons !
Ô croquignoles végétales !
Fleurs fantasques des vieux Salons !
— Aux hannetons, pas aux crotales

Ces poupards végétaux en pleurs
Que Grandville* eût mis aux lisières,
Et qu'allaitèrent de couleurs
De méchants astres à visières !

Oui, vos bavures de pipeaux
Font de précieuses glucoses !
— Tas d'œufs, frits dans de vieux chapeaux,
Lys, Açokas, Lilas et Roses !...

III

Ô blanc Chasseur, qui cours sans bas
A travers le Pâtis panique,
Ne peux-tu pas, ne dois-tu pas
Connaître un peu ta botanique ?

Tu ferais succéder, je crains,
Aux Grillons roux les Cantharides,
L'or des Rios au bleu des Rhins, —
Bref, aux Norwèges les Florides** :

Mais, Cher, l'Art n'est plus, maintenant,
— C'est la vérité, — de permettre
A l'Eucalyptus étonnant
Des constrictors d'un hexamètre ;

Là !... Comme si les Acajous
Ne servaient, même en nos Guyanes,
Qu'aux cascades des sapajous,
Au lourd délire des lianes !

— En somme, une Fleur, Romarin
Ou Lys, vive ou morte, vaut-elle
Un excrément d'oiseau marin ?
Vaut-elle un seul pleur de chandelle ?

— Et j'ai dit ce que je voulais !
Toi, même assis là-bas, dans une
Cabane de bambous, — volets
Clos, tentures de perse brune, —

Tu torcherais des floraisons
Dignes d'Oises extravagantes !...
— Poète ! ce sont des raisons
Non moins risibles qu'arrogantes !...

IV

Dis, non les pampas printaniers
Noirs d'épouvantables révoltes,
Mais les tabacs, les cotonniers !
Dis les exotiques récoltes !

Dis, front blanc que Phébus tanna,
De combien de dollars se rente
Pedro Velasquez, Habana ;
Incague la mer de Sorrente

Où vont les Cygnes par milliers ;
Que tes strophes soient des réclames
Pour l'abatis des mangliers
Fouillés des hydres et des lames !

Ton quatrain plonge aux bois sanglants
Et revient proposer aux Hommes
Divers sujets de sucres blancs
De pectoraires et de gommes !

Sachons par Toi si les blondeurs
Des Pics neigeux, vers les Tropiques,
Sont ou des insectes pondeurs
Ou des lichens microscopiques !

Trouve, ô Chasseur, nous le voulons,
Quelques garances parfumées
Que la Nature en pantalons
Fasse éclore ! — pour nos Armées* !

Trouve, aux abords du Bois qui dort,
Les fleurs, pareilles à des mufles,
D'où bavent des pommades d'or
Sur les cheveux sombres des Buffles !

Trouve, aux prés fous, où sur le Bleu
Tremble l'argent des pubescences,
Des calices pleins d'Œufs de feu
Qui cuisent parmi les essences !

Trouve des Chardons cotonneux
Dont dix ânes aux yeux de braises
Travaillent à filer les nœuds !
Trouve des Fleurs qui soient des chaises !

Oui, trouve au cœur des noirs filons
Des fleurs presque pierres, — fameuses ! —
Qui vers leurs durs ovaires blonds
Aient des amygdales gemmeuses !

Sers-nous, ô Farceur, tu le peux,
Sur un plat de vermeil splendide
Des ragoûts de Lys sirupeux
Mordant nos cuillers Alfénide !

V

Quelqu'un dira le grand Amour,
Voleur des sombres Indulgences :
Mais ni Renan, ni le chat Murr
N'ont vu les Bleus Thyrses immenses !

Toi, fais jouer dans nos torpeurs,
Par les parfums les hystéries ;
Exalte-nous vers des candeurs
Plus candides que les Maries...

Commerçant ! colon ! médium !
Ta Rime sourdra, rose ou blanche,
Comme un rayon de sodium,
Comme un caoutchouc qui s'épanche !

De tes noirs Poèmes, — Jongleur !
Blancs, verts, et rouges dioptriques,
Que s'évadent d'étranges fleurs
Et des papillons électriques !

Voilà ! c'est le Siècle d'enfer !
Et les poteaux télégraphiques
Vont orner, — lyre aux chants de fer,
Tes omoplates magnifiques !

Surtout, rime une version
Sur le mal des pommes de terre !
— Et, pour la composition
De poèmes pleins de mystère

Qu'on doive lire de Tréguier
A Paramaribo*, rachète
Des Tomes de Monsieur Figuier,
— Illustrés ! — chez Monsieur Hachette !

ALCIDE BAVA
14 juillet 1871.   A. R.

LE BATEAU IVRE*

COMME je descendais des Fleuves impassibles,
Je ne me sentis plus guidé par les haleurs :
Des Peaux-Rouges criards les avaient pris pour cibles,
Les ayant cloués nus aux poteaux de couleurs.

J'étais insoucieux de tous les équipages,
Porteur de blés flamands ou de cotons anglais.
Quand avec mes haleurs ont fini ces tapages,
Les Fleuves m'ont laissé descendre où je voulais.

Dans les clapotements furieux des marées,
Moi, l'autre hiver**, plus sourd que les cerveaux
Je courus ! Et les Péninsules démarrées   [d'enfants,
N'ont pas subi tohu-bohus plus triomphants.

La tempête a béni mes éveils maritimes.
Plus léger qu'un bouchon j'ai dansé sur les flots
Qu'on appelle rouleurs éternels de victimes,
Dix nuits, sans regretter l'œil niais des falots*** !

Plus douce qu'aux enfants la chair des pommes sures,
L'eau verte pénétra ma coque de sapin
Et des taches de vins bleus et de vomissures
Me lava, dispersant gouvernail et grappin.

Et dès lors, je me suis baigné dans le Poème
De la Mer, infusé d'astres, et lactescent,
Dévorant les azurs verts ; où, flottaison blême
Et ravie, un noyé pensif parfois descend ;

Où, teignant tout à coup les bleuités, délires
Et rhythmes lents sous les rutilements du jour,
Plus fortes que l'alcool, plus vastes que nos lyres,
Fermentent les rousseurs amères de l'amour !

Je sais les cieux crevant en éclairs, et les trombes
Et les ressacs et les courants : je sais le soir,
L'Aube exaltée ainsi qu'un peuple de colombes,
Et j'ai vu quelquefois ce que l'homme a cru voir !

J'ai vu le soleil bas, taché d'horreurs mystiques,
Illuminant de longs figements violets,
Pareils à des acteurs de drames très antiques
Les flots roulant au loin leurs frissons de volets !

J'ai rêvé la nuit verte aux neiges éblouies,
Baiser montant aux yeux des mers avec lenteurs,
La circulation des sèves inouïes,
Et l'éveil jaune et bleu des phosphores chanteurs !

J'ai suivi, des mois pleins, pareille aux vacheries
Hystériques, la houle à l'assaut des récifs,
Sans songer que les pieds lumineux des Maries
Pussent forcer le mufle aux Océans poussifs !

J'ai heurté, savez-vous, d'incroyables Florides
Mêlant aux fleurs des yeux de panthères à peaux
D'hommes ! Des arcs-en-ciel tendus comme des brides
Sous l'horizon des mers, à de glauques troupeaux !

J'ai vu fermenter les marais énormes, nasses
Où pourrit dans les joncs tout un Léviathan !
Des écroulements d'eaux au milieu des bonaces*,
Et les lointains vers les gouffres cataractant !

Glaciers, soleils d'argent, flots nacreux, cieux de braises !
Échouages hideux au fond des golfes bruns
Où les serpents géants dévorés des punaises
Choient, des arbres tordus, avec de noirs parfums !

J'aurais voulu montrer aux enfants ces dorades
Du flot bleu, ces poissons d'or, ces poissons chantants.
— Des écumes de fleurs ont bercé mes dérades
Et d'ineffables vents m'ont ailé par instants.

Parfois, martyr lassé des pôles et des zones,
La mer dont le sanglot faisait mon roulis doux
Montait vers moi ses fleurs d'ombre aux ventouses jaunes
Et je restais, ainsi qu'une femme à genoux...

Presque île, ballottant sur mes bords les querelles
Et les fientes d'oiseaux clabaudeurs aux yeux blonds.
Et je voguais, lorsqu'à travers mes liens frêles
Des noyés descendaient dormir, à reculons !

Or moi, bateau perdu sous les cheveux des anses,
Jeté par l'ouragan dans l'éther sans oiseau,
Moi dont les Monitors et les voiliers des Hanses
N'auraient pas repêché la carcasse ivre d'eau ;

Libre, fumant, monté de brumes violettes,
Moi qui trouais le ciel rougeoyant comme un mur
Qui porte, confiture exquise aux bons poètes,
Des lichens de soleil et des morves d'azur ;

Qui courait, taché de lunules électriques,
Planche folle, escorté des hippocampes noirs,
Quand les juillets faisaient crouler à coups de triques
Les cieux ultramarins aux ardents entonnoirs ;

Moi qui tremblais, sentant geindre à cinquante lieues
Le rut des Béhémots et les Maelstroms épais,
Fileur éternel des immobilités bleues,
Je regrette l'Europe aux anciens parapets !

J'ai vu des archipels sidéraux ! et des îles
Dont les cieux délirants sont ouverts au vogueur :
— Est-ce en ces nuits sans fonds que tu dors et t'exiles,
Million d'oiseaux d'or, ô future Vigueur* ?

Mais, vrai, j'ai trop pleuré ! Les Aubes sont navrantes.
Toute lune est atroce et tout soleil amer :
L'âcre amour m'a gonflé de torpeurs enivrantes.
Ô que ma quille éclate ! Ô que j'aille à la mer !

Si je désire une eau d'Europe, c'est la flache*
Noire et humide où vers le crépuscule embaumé
Un enfant accroupi plein de tristesse, lâche
Un bateau frêle comme un papillon de mai.

Je ne puis plus, baigné de vos langueurs, ô lames,
Enlever leur sillage aux porteurs de cotons,
Ni traverser l'orgueil des drapeaux et des flammes,
Ni nager sous les yeux horribles des pontons**.

VOYELLES*

A NOIR, E blanc, I rouge, U vert, O bleu : voyelles,
Je dirai quelque jour vos naissances latentes :
A, noir corset velu des mouches éclatantes
Qui bombinent autour des puanteurs cruelles,

Golfes d'ombre ; E, candeurs des vapeurs et des tentes,
Lances des glaciers fiers, rois blancs, frissons d'ombelles ;
I, pourpres, sang craché, rire des lèvres belles
Dans la colère ou les ivresses pénitentes ;

U, cycles, vibrements divins des mers virides,
Paix des pâtis semés d'animaux, paix des rides
Que l'alchimie imprime aux grands fronts studieux ;

O, suprême Clairon plein des strideurs étranges,
Silences traversés des Mondes et des Anges :
— O l'Oméga, rayon violet de Ses Yeux !

L'ÉTOILE A PLEURÉ ROSE*...

L'ÉTOILE a pleuré rose au cœur de tes oreilles,
L'infini roulé blanc de ta nuque à tes reins

La mer a perlé rousse à tes mammes vermeilles
Et l'Homme saigné noir à ton flanc souverain.

LES CORBEAUX*

SEIGNEUR, quand froide est la prairie,
Quand, dans les hameaux abattus,
Les longs angélus se sont tus...
Sur la nature défleurie
Faites s'abattre des grands cieux
Les chers corbeaux délicieux.

Armée étrange aux cris sévères,
Les vents froids attaquent vos nids !
Vous, le long des fleuves jaunis,
Sur les routes aux vieux calcaires,
Sur les fossés et sur les trous
Dispersez-vous, ralliez-vous !

Par milliers, sur les champs de France,
Où dorment des morts d'avant-hier,
Tournoyez, n'est-ce pas, l'hiver,
Pour que chaque passant repense !
Sois donc le crieur du devoir,
Ô notre funèbre oiseau noir !

Mais, saints du ciel, en haut du chêne,
Mât perdu dans le soir charmé,
Laissez les fauvettes de mai
Pour ceux qu'au fond du bois enchaîne,
Dans l'herbe d'où l'on ne peut fuir,
La défaite sans avenir.

DERNIERS VERS

En septembre 1871, Rimbaud part pour Paris où Verlaine et ses amis l'attendent. Pour le jeune poète qui emporte avec lui *Le Bateau ivre,* c'est une glorieuse et tremblante ascension vers la capitale encore auréolée du souvenir de la Commune. Rimbaud est plein d'espérances mais également d'appréhensions : « Ah ! qu'est-ce que je vais faire là-bas ? » confie-t-il à Delahaye. Les désillusions surgissent vite. Les gens qu'il rencontre sont en réalité des poètes médiocres et sots. S'il se perd d'abord dans la nuit des cafés du Quartier latin, s'il fréquente quelque temps les réunions parodiques du Cercle Zutique, Rimbaud se rend compte rapidement qu'il va lui falloir abandonner « le boulevard des paresseux, les estaminets des pisse-lyres[1] », comme l'écrit René Char. Lorque la belle-famille de Verlaine le chasse de l'appartement où il est devenu indésirable, Rimbaud n'est pas mécontent ; il préfère le cadre neutre des chambres sordides. Tout en se laissant couler dans le fleuve houleux de la vie parisienne, Rimbaud aime avoir la possibilité de se retirer dans un havre solitaire ; c'est là qu'il entend recueillir les fruits de son « long, immense et raisonné dérèglement de tous les sens ». La tentative du voyant, envisagée à Charleville, trouve à Paris un terrain propice à son accomplisse-

1. *Fureur et Mystère,* Gallimard, 1948.

ment. Rimbaud s'entraîne à « l'hallucination simple », à
« l'hallucination des mots », connaît l'enivrante compagnie
de l'absinthe et du hachisch, découvre le vertige de son
érotique attachement à Verlaine. La réalité le débusque, qui
le contraint à bouleverser la pierre des mots et à leur assi-
gner la route d'un inconnu qu'Yves Bonnefoy définit
comme « le déni du langage dans ses emplois rationnels[2] ».
Rimbaud s'enfonce dans un état d'hypnose dont il dira la
genèse et les effets dans un chapitre d'*Une saison en enfer*,
intitulé *Alchimie du Verbe*.

Il écrit « des silences », fixe « ses vertiges », se flatte
« d'inventer un verbe poétique accessible, un jour ou l'autre,
à tous les sens ». Les poèmes que Rimbaud compose au
printemps 1872 sont des sortes de chansons, des hymnes
ténébreux et limpides, impossibles à endiguer dans un univers formel éclaté. Rimbaud veut désormais nommer une
réalité fugitive, presque météorique. Il s'émancipe des lois
de la pensée rationnelle ainsi que des règles de la versification classique. Il accueille les assonances, affectionne les
« rhythmes naïfs » et incertains.

A-t-il alors accompli « des prodiges de ténuité, de flou
vrai, de charmant presque inappréciable à force d'être grêle
et fluet » pour reprendre les termes de Verlaine ? En rester
là serait restreindre le sens et la portée des derniers vers
rimbaldiens. Les « chansons » ne témoignent pas d'un affai-
blissement de la force créatrice du poète ; elles n'ont rien de
commun avec certaine fadeur qui fut le lot de quelques
Romantiques. Dans la *Lettre du voyant*, Rimbaud a d'ailleurs attaqué ces Romantiques qui « prouvent si bien que la
chanson est si peu souvent l'œuvre, c'est-à-dire la pensée
chantée *et comprise* du chanteur ».

Rimbaud ne se complaît pas sur de mous et dolents
duvets musicaux. « La pensée chantée et comprise du chanteur », c'est ce à quoi il aspire. Car la poésie, pour lui, est
dans la conscience qu'elle a d'elle-même.

Rimbaud aime à faire surgir du « grêle » et du « fluet »,

----

2. *Rimbaud par lui-même* (Seuil).

un ton purifié qui est comme sa réponse à une blessure affective où l'homosexualité destructrice rejoint les fantasmes de la tyrannie maternelle.

Le poète, qui commence à endurer les souffrances de son orageuse amitié avec Verlaine, blâme les « désordres vains » qui rongent sa vie :

> « ... le ménage s'absente
> Peu sérieusement, et rien ne se fait. »

Il préférerait y substituer le temps innocent de l'amour vrai, ce qu'exprime le refrain ailé et serein de la *Chanson de la plus haute tour* :

> « Ah ! Que le temps vienne
> Où les cœurs s'éprennent ! »

Les derniers vers de Rimbaud ont le ton sincère du renoncement à l'insolence juvénile. Leur pudique démarche dit en filigrane le trouble et la « honte » de « l'enfant gêneur » qui aspire à l'amour.

Empreinte d'une inapaisable soif d'inconnu, d'une volonté de « tarir toutes les urnes », la poésie de Rimbaud rêve alors d'un « âge d'or » extasié qui, loin du monde « vicieux », conduirait à ces mythiques « châteaux » où se fait « la magique étude du Bonheur ». Poésie en état de grâce.

***

La plupart des « derniers vers » d'Arthur Rimbaud ont vraisemblablement été écrits en 1872, surtout pendant les mois de mai et juin, mais également en juillet et août. Quand ils sont datés, les poèmes le sont de cette époque.

Dix de ce que l'on peut appeler les « poésies de 1872 » figurent en fac-similés dans *Les Manuscrits des Maîtres* édités par Messein en 1919. Nous en suivons le texte, sauf pour *Fêtes de la faim*.

La revue *La Vogue* nous donne le texte unique de quatre poèmes mais nous offre par ailleurs des variantes pour sept des poésies lues dans les fac-similés Messein.

Nous suivons les manuscrits Lucien-Graux pour deux poèmes, le manuscrit Berès pour *Ô saisons ! ô châteaux !* et le texte du *Reliquaire* pour *Entends comme brame...* Bon nombre des « derniers vers » sont repris dans le chapitre *Alchimie du Verbe* d'*Une saison en enfer,* dans des versions sensiblement différentes.

Notre édition des « derniers vers » s'ouvre sur deux poèmes sans date, *Mémoire* et *Michel et Christine*. Nous suivons ensuite l'ordre chronologique pour les poèmes datés, en ne dissociant pas *Bruxelles* (sans date précise) de *Jeune ménage* écrit en juin. *Qu'est-ce pour nous, mon cœur,* en dépit de ses résonances communardes, nous semble être de la même veine que les « chansons » auxquelles nous le mêlons. Nous plaçons *Honte* à la fin du groupe des poèmes parce que cette pièce assure le mieux la transition avec la future *Saison en enfer*.

MÉMOIRE*

I

L'EAU claire ; comme le sel des larmes d'enfance,
L'assaut au soleil des blancheurs des corps de femmes ;
la soie, en foule et de lys pur, des oriflammes
sous les murs dont quelque pucelle eut la défense ;

l'ébat des anges ; — Non... le courant d'or en marche,
meut ses bras, noirs, et lourds, et frais surtout, d'herbe. Elle
sombre, ayant le Ciel bleu pour ciel-de-lit, appelle
pour rideaux l'ombre de la colline et de l'arche.

II

Eh ! l'humide carreau tend ses bouillons limpides !
L'eau meuble d'or pâle et sans fond les couches prêtes.
Les robes vertes et déteintes des fillettes
font les saules, d'où sautent les oiseaux sans brides.

Plus pure qu'un louis, jaune et chaude paupière
le souci d'eau — ta foi conjugale, ô l'Épouse ! —
au midi prompt, de ton terne miroir, jalouse
au ciel gris de chaleur la Sphère rose et chère.

III

Madame se tient trop debout dans la prairie
prochaine où neigent les fils du travail ; l'ombrelle
aux doigts ; foulant l'ombelle ; trop fière pour elle ;
des enfants lisant dans la verdure fleurie

leur livre de maroquin rouge ! Hélas, Lui, comme
mille anges blancs qui se séparent sur la route,
s'éloigne par delà la montagne ! Elle, toute
froide, et noire, court ! après le départ de l'homme !

IV

Regret des bras épais et jeunes d'herbe pure !
Or des lunes d'avril au cœur du saint lit ! Joie
des chantiers riverains à l'abandon, en proie
aux soirs d'août qui faisaient germer ces pourritures !

Qu'elle pleure à présent sous les remparts ! l'haleine
des peupliers d'en haut est pour la seule brise.
Puis, c'est la nappe, sans reflets, sans source, grise :
un vieux, dragueur, dans sa barque immobile, peine.

V

Jouet de cet œil d'eau morne, je n'y puis prendre,
ô canot immobile ! oh ! bras trop courts ! ni l'une
ni l'autre fleur : ni la jaune qui m'importune,
là ; ni la bleue, amie à l'eau couleur de cendre.

Ah ! la poudre des saules qu'une aile secoue !
Les roses des roseaux dès longtemps dévorées !
Mon canot, toujours fixe** ; et sa chaîne tirée
Au fond de cet œil d'eau sans bords, — à quelle boue ?

MICHEL ET CHRISTINE*

Zut alors, si le soleil quitte ces bords !
Fuis, clair déluge ! Voici l'ombre des routes.
Dans les saules, dans la vieille cour d'honneur,
L'orage d'abord jette ses larges gouttes.

Ô cent agneaux, de l'idylle soldats blonds,
Des aqueducs, des bruyères amaigries,
Fuyez ! plaine, déserts, prairie, horizons
Sont à la toilette rouge de l'orage !

Chien noir, brun pasteur dont le manteau s'engouffre,
Fuyez l'heure des éclairs supérieurs ;
Blond troupeau, quand voici nager ombre et soufre,
Tâchez de descendre à des retraits meilleurs.

Mais moi, Seigneur ! voici que mon esprit vole,
Après les cieux glacés de rouge, sous les
Nuages célestes qui courent et volent
Sur cent Solognes longues comme un railway.

Voilà mille loups, mille graines sauvages
Qu'emporte, non sans aimer les liserons,
Cette religieuse après-midi d'orage
Sur l'Europe ancienne où cent hordes iront !

Après, le clair de lune ! partout la lande,
Rougis et leurs fronts** aux cieux noirs, les guerriers
Chevauchent lentement leurs pâles coursiers !
Les cailloux sonnent sous cette fière bande !

— Et verrai-je le bois jaune et le val clair,
L'Épouse aux yeux bleus, l'homme au front rouge, ô
Et le blanc Agneau Pascal, à leurs pieds chers,   [Gaule,
— Michel et Christine, — et Christ ! — fin de l'Idylle.

LARME*

Loin des oiseaux, des troupeaux, des villageoises,
Je buvais, accroupi dans quelque bruyère
Entourée de tendres bois de noisetiers,
Par un brouillard d'après-midi tiède et vert.

Que pouvais-je boire dans cette jeune Oise,
Ormeaux sans voix, gazon sans fleurs, ciel couvert.
Que tirais-je à la gourde de colocase ?
Quelque liqueur d'or, fade et qui fait suer.

Tel, j'eusse été mauvaise enseigne d'auberge.
Puis l'orage changea le ciel, jusqu'au soir.
Ce furent des pays noirs, des lacs, des perches,
Des colonnades sous la nuit bleue, des gares.

L'eau des bois se perdait sur des sables vierges,
Le vent, du ciel, jetait des glaçons aux mares...
Or ! tel qu'un pêcheur d'or ou de coquillages,
Dire que je n'ai pas eu souci de boire !

Mai 1872.

LA RIVIÈRE DE CASSIS*

La Rivière de Cassis roule ignorée
        En des vaux étranges :
La voix de cent corbeaux l'accompagne, vraie
        Et bonne voix d'anges :
Avec les grands mouvements des sapinaies
        Quand plusieurs vents plongent.

Tout roule avec des mystères révoltants
    De campagnes d'anciens temps ;
De donjons visités, de parcs importants :
    C'est en ces bords qu'on entend
Les passions mortes de chevaliers errants :
    Mais que salubre est le vent !

Que le piéton regarde à ces claires-voies :
    Il ira plus courageux.
Soldats des forêts que le Seigneur envoie,
    Chers corbeaux délicieux !
Faites fuir d'ici le paysan matois
    Qui trinque d'un moignon vieux.

Mai 1872.

COMÉDIE DE LA SOIF*

1. LES PARENTS

Nous sommes tes Grands-Parents,
    Les Grands !
Couverts des froides sueurs
De la lune et des verdures.
Nos vins secs avaient du cœur !
Au soleil sans imposture
Que faut-il à l'homme ? boire.

MOI — Mourir aux fleuves barbares.

Nous sommes tes Grands-Parents
    Des champs.
L'eau est au fond des osiers :
Vois le courant du fossé

Autour du château mouillé.
Descendons en nos celliers ;
Après, le cidre et le lait.

MOI — Aller où boivent les vaches.

Nous sommes tes Grands-Parents ;
    Tiens, prends
Les liqueurs dans nos armoires ;
Le Thé, le Café, si rares
Frémissent dans les bouilloires.
— Vois les images, les fleurs.
Nous rentrons du cimetière.

MOI — Ah ! tarir toutes les urnes !

2. L'ESPRIT

Éternelles Ondines,
    Divisez l'eau fine.
Vénus, sœur de l'azur,
    Émeus le flot pur.

Juifs errants de Norwège,
    Dites-moi la neige.
Anciens exilés chers,
    Dites-moi la mer.

MOI — Non, plus ces boissons pures,
    Ces fleurs d'eau pour verres ;
Légendes ni figures
    Ne me désaltèrent ;
Chansonnier, ta filleule
    C'est ma soif si folle
Hydre intime sans gueules
    Qui mine et désole.

3. LES AMIS

Viens, les Vins vont aux plages,
Et les flots par millions !
Vois le Bitter sauvage
Rouler du haut des monts !

Gagnons, pèlerins sages,
L'Absinthe aux verts piliers...

MOI — Plus ces paysages.
Qu'est l'ivresse, Amis ?

J'aime autant, mieux, même,
Pourrir dans l'étang,
Sous l'affreuse crème,
Près des bois flottants.

4. LE PAUVRE SONGE

Peut-être un Soir m'attend
Où je boirai tranquille
En quelque vieille Ville,
Et mourrai plus content :
Puisque je suis patient !

Si mon mal se résigne,
Si j'ai jamais quelque or,
Choisirai-je le Nord
Ou le Pays des Vignes ?...
— Ah ! songer est indigne

Puisque c'est pure perte !
Et si je redeviens
Le voyageur ancien,
Jamais l'auberge verte
Ne peut bien m'être ouverte.

5. CONCLUSION

Les pigeons qui tremblent dans la prairie,
Le gibier, qui court et qui voit la nuit,
Les bêtes des eaux, la bête asservie,
Les derniers papillons !... ont soif aussi.

Mais fondre où fond ce nuage sans guide,
— Oh ! favorisé de ce qui est frais !
Expirer en ces violettes humides
Dont les aurores chargent ces forêts ?

Mai 1872.

BONNE PENSÉE DU MATIN*

A QUATRE heures du matin, l'été,
Le Sommeil d'amour dure encore.
Sous les bosquets l'aube évapore
    L'odeur du soir fêté.

Mais là-bas dans l'immense chantier
Vers le soleil des Hespérides,
En bras de chemise, les charpentiers
    Déjà s'agitent.

Dans leur désert de mousse, tranquilles,
Ils préparent les lambris précieux
Où la richesse de la ville
    Rira sous de faux cieux.

Ah ! pour ces Ouvriers charmants
Sujets d'un roi de Babylone,
Vénus ! laisse un peu les Amants,
    Dont l'âme est en couronne.

Ô Reine des Bergers !
Porte aux travailleurs l'eau-de-vie,
Pour que leurs forces soient en paix
En attendant le bain dans la mer, à midi.

Mai 1872.

FÊTES DE LA PATIENCE

1. BANNIÈRES DE MAI.
2. CHANSON DE LA PLUS HAUTE TOUR.
3. ÉTERNITÉ.
4. AGE D'OR.

BANNIÈRES DE MAI*

Aux branches claires des tilleuls
Meurt un maladif hallali.
Mais des chansons spirituelles
Voltigent parmi les groseilles.
Que notre sang rie en nos veines,
Voici s'enchevêtrer les vignes.
Le ciel est joli comme un ange,
L'azur et l'onde communient.
Je sors. Si un rayon me blesse
Je succomberai sur la mousse.

Qu'on patiente et qu'on s'ennuie
C'est trop simple. Fi de mes peines.
Je veux que l'été dramatique
Me lie à son char de fortune.
Que par toi beaucoup, ô Nature,
— Ah ! moins seul et moins nul ! — je meure.
Au lieu que les Bergers, c'est drôle,
Meurent à peu près par le monde.

Je veux bien que les saisons m'usent.
A toi, Nature, je me rends ;
Et ma faim et toute ma soif.
Et, s'il te plaît, nourris, abreuve.
Rien de rien ne m'illusionne ;
C'est rire aux parents, qu'au soleil,
Mais moi je ne veux rire à rien ;
Et libre soit cette infortune.

Mai 1872.

CHANSON DE LA PLUS HAUTE TOUR*

Oisive jeunesse
A tout asservie,
Par délicatesse
J'ai perdu ma vie.
Ah ! Que le temps vienne
Où les cœurs s'éprennent.

Je me suis dit : laisse,
Et qu'on ne te voie :
Et sans la promesse
De plus hautes joies.
Que rien ne t'arrête,
Auguste retraite.

J'ai tant fait patience
Qu'à jamais j'oublie ;
Craintes et souffrances
Aux cieux sont parties.
Et la soif malsaine
Obscurcit mes veines.

Ainsi la Prairie
A l'oubli livrée,
Grandie, et fleurie

D'encens et d'ivraies
Au bourdon farouche
De cent sales mouches.

Ah ! Mille veuvages
De la si pauvre âme
Qui n'a que l'image
De la Notre-Dame !
Est-ce que l'on prie
La Vierge Marie ?

Oisive jeunesse
A tout asservie,
Par délicatesse
J'ai perdu ma vie.
Ah ! Que le temps vienne
Où les cœurs s'éprennent !

Mai 1872.

L'ÉTERNITÉ*

ELLE est retrouvée.
Quoi ? — L'Éternité.
C'est la mer allée
Avec le soleil.

Ame sentinelle,
Murmurons l'aveu
De la nuit si nulle
Et du jour en feu.

Des humains suffrages,
Des communs élans
Là tu te dégages
Et voles selon.

Puisque de vous seules,
Braises de satin,
Le Devoir s'exhale
Sans qu'on dise : enfin.

Là pas d'espérance,
Nul orietur.
Science avec patience,
Le supplice est sûr.

Elle est retrouvée.
Quoi ? — L'Éternité.
C'est la mer allée
Avec le soleil.

Mai 1872.

AGE D'OR*

QUELQU'UNE des voix
Toujours angélique
— Il s'agit de moi, —
Vertement s'explique :

Ces mille questions
Qui se ramifient
N'amènent, au fond,
Qu'ivresse et folie ;

Reconnais ce tour
Si gai, si facile :
Ce n'est qu'onde, flore,
Et c'est ta famille !

Puis elle chante. Ô
Si gai, si facile,
Et visible à l'œil nu...
— Je chante avec elle, —

Reconnais ce tour
Si gai, si facile,
Ce n'est qu'onde, flore,
Et c'est ta famille !.. etc....

Et puis une voix
— Est-elle angélique ! —
Il s'agit de moi,
Vertement s'explique ;

Et chante à l'instant
En sœur des haleines :
D'un ton Allemand,
Mais ardente et pleine :

Le monde est vicieux ;
Si cela t'étonne !
Vis et laisse au feu
L'obscure infortune.

Ô ! joli château !
Que ta vie est claire !
De quel Age es-tu,
Nature princière
De notre grand frère ! etc....

Je chante aussi, moi :
Multiples sœurs ! voix
Pas du tout publiques !
Environnez-moi
De gloire pudique.. etc....

Juin 1872.

JEUNE MÉNAGE*

La chambre est ouverte au ciel bleu-turquin ;
Pas de place : des coffrets et des huches !
Dehors le mur est plein d'aristoloches
Où vibrent les gencives des lutins.

Que ce sont bien intrigues de génies
Cette dépense et ces désordres vains !
C'est la fée africaine qui fournit
La mûre, et les résilles dans les coins.

Plusieurs entrent, marraines mécontentes,
En pans de lumière dans les buffets,
Puis y restent ! le ménage s'absente
Peu sérieusement, et rien ne se fait.

Le marié a le vent qui le floue
Pendant son absence, ici, tout le temps.
Même des esprits des eaux, malfaisants
Entrent vaguer aux sphères de l'alcôve.

La nuit, l'amie oh ! la lune de miel
Cueillera leur sourire et remplira
De mille bandeaux de cuivre le ciel.
Puis ils auront affaire au malin rat**.

— S'il n'arrive pas un feu follet blême,
Comme un coup de fusil, après des vêpres.
— Ô spectres saints et blancs de Bethléem,
Charmez plutôt le bleu de leur fenêtre !

27 juin 1872.

> *Bruxelles*,*
> *Boulevard du Régent.*

Juillet.

PLATES-BANDES d'amarantes jusqu'à
L'agréable palais de Jupiter.
— Je sais que c'est Toi qui, dans ces lieux,
Mêles ton Bleu presque de Sahara !

Puis, comme rose et sapin du soleil
Et liane ont ici leurs jeux enclos,
Cage de la petite veuve !...
                     Quelles
Troupes d'oiseaux, ô ia io, ia io !...

— Calmes maisons, anciennes passions !
Kiosque de la Folle par affection.
Après les fesses des rosiers, balcon
Ombreux et très bas de la Juliette.

— La Juliette, ça rappelle l'Henriette,
Charmante station du chemin de fer,
Au cœur d'un mont, comme au fond d'un verger
Où mille diables bleus dansent dans l'air !

Banc vert où chante au paradis d'orage,
Sur la guitare, la blanche Irlandaise.
Puis, de la salle à manger guyanaise,
Bavardage des enfants et des cages.

Fenêtre du duc qui fais que je pense
Au poison des escargots et du buis
Qui dort ici-bas au soleil.
                  Et puis
C'est trop beau ! trop ! Gardons notre silence.

— Boulevard sans mouvement ni commerce,
Muet, tout drame et toute comédie,
Réunion des scènes infinie,
Je te connais et t'admire en silence.

EST-ELLE almée* ?... aux premières lueurs bleues
Se détruira-t-elle comme les fleurs feues...
Devant la splendide étendue où l'on sente
Souffler la ville énormément florissante !

C'est trop beau ! c'est trop beau ! mais c'est nécessaire
— Pour la Pêcheuse et la chanson du Corsaire,
Et aussi puisque les derniers masques crurent
Encore aux fêtes de nuit sur la mer pure !

Juillet 1872.

FÊTES DE LA FAIM*

MA faim, Anne, Anne,
Fuis sur ton âne.

Si j'ai du *goût*, ce n'est guères
Que pour la terre et les pierres
Dinn ! dinn ! dinn ! dinn ! je pais l'air,
Le roc, les Terres, le fer.

Tournez, les faims ! paissez, faims,
    Le pré des sons !
L'aimable et vibrant venin
    Des liserons ;

Les cailloux qu'un pauvre brise,
Les vieilles pierres d'églises,
Les galets, fils des déluges,
Pains couchés aux vallées grises !

Mes faims, c'est les bouts d'air noir ;
    L'azur sonneur ;
— C'est l'estomac qui me tire.
    C'est le malheur.

Sur terre ont paru les feuilles :
Je vais aux chairs de fruit blettes.
Au sein du sillon je cueille
La doucette et la violette.

    Ma faim, Anne, Anne !
    Fuis sur ton âne.

Août 1872.

ENTENDS comme brame*
près des acacias
en avril la rame
viride du pois !

Dans sa vapeur nette,
vers Phœbé ! tu vois
s'agiter la tête
de saints d'autrefois...

Loin des claires meules
des caps, des beaux toits,
ces chers Anciens veulent
ce philtre sournois...

Or ni fériale
ni astrale ! n'est
la brume qu'exhale
ce nocturne effet.

Néanmoins ils restent,
— Sicile, Allemagne,
dans ce brouillard triste
et blêmi, justement !

Ô SAISONS, ô châteaux*,
Quelle âme est sans défauts ?

Ô saisons, ô châteaux,

J'ai fait la magique étude
Du Bonheur, que nul n'élude.

Ô vive lui, chaque fois
Que chante son coq gaulois.

Mais ! je n'aurai plus d'envie,
Il s'est chargé de ma vie.

Ce Charme ! il prit âme et corps,
Et dispersa tous efforts.

Que comprendre à ma parole ?
Il fait qu'elle fuie et vole !

Ô saisons, ô châteaux !

Et, si le malheur m'entraîne,
Sa disgrâce m'est certaine.

Il faut que son dédain, las !
Me livre au plus prompt trépas !

— O Saisons, ô Châteaux !

Qu'est-ce pour nous, mon cœur*, que les nappes de
Et de braise, et mille meurtres, et les longs cris   [sang**
De rage, sanglots de tout enfer renversant
Tout ordre ; et l'Aquilon encor sur les débris ;

Et toute vengeance ? Rien !... — Mais si, toute encor,
Nous la voulons ! Industriels, princes, sénats :
Périssez ! puissance, justice, histoire : à bas !
Ça nous est dû. Le sang ! le sang ! la flamme d'or !

Tout à la guerre, à la vengeance, à la terreur,
Mon esprit ! Tournons dans la morsure : Ah ! passez,
Républiques de ce monde ! Des empereurs,
Des régiments, des colons, des peuples, assez !

Qui remuerait les tourbillons de feu furieux,
Que nous et ceux que nous nous imaginons frères ?
A nous, romanesques amis : ça va nous plaire.
Jamais nous ne travaillerons, ô flots de feux !

Europe, Asie, Amérique, disparaissez.
Notre marche vengeresse a tout occupé,
Cités et campagnes ! — Nous serons écrasés !
Les volcans sauteront ! Et l'Océan frappé...

Oh ! mes amis ! — Mon cœur, c'est sûr, ils sont des
Noirs inconnus, si nous allions ! Allons ! allons !   [frères :
O malheur ! je me sens frémir, la vieille terre,
Sur moi de plus en plus à vous ! la terre fond,

Ce n'est rien ! j'y suis ! j'y suis toujours.

HONTE*

TANT que la lame n'aura
Pas coupé cette cervelle,
Ce paquet blanc, vert et gras,
A vapeur jamais nouvelle,

(Ah ! Lui, devrait couper son
Nez, sa lèvre, ses oreilles,
Son ventre ! et faire abandon
De ses jambes ! ô merveille !)

Mais, non ; vrai, je crois que tant
Que pour sa tête la lame,
Que les cailloux pour son flanc,
Que pour ses boyaux la flamme,

N'auront pas agi, l'enfant
Gêneur, la si sotte bête,
Ne doit cesser un instant
De ruser et d'être traître,

Comme un chat des Monts-Rocheux..,
D'empuantir toutes sphères !
Qu'à sa mort pourtant, ô mon Dieu !
S'élève quelque prière !

UNE SAISON EN ENFER

Une saison en enfer est la seule œuvre que Rimbaud ait lui-même publiée de son vivant. Elle a été et reste l'objet de maintes controverses.

On a longtemps voulu voir dans cette œuvre l'« adieu » définitif de Rimbaud à la littérature. L'étrange destinée de l'édition de la *Saison* a contribué à forger cette légende aujourd'hui détruite. Lorsque le livre sortit en octobre 1873 des presses de l'imprimerie bruxelloise Poot, Rimbaud se fit réserver quelques exemplaires pour ses amis. Mais, au moment de payer le montant du tirage, le poète n'eut pas assez d'argent ; un ballot d'environ cinq cents exemplaires resta donc en souffrance dans les magasins de l'imprimerie. Isabelle Rimbaud, prompte à répandre le mythe du poète chrétien, affirma plus tard que son frère avait brûlé tous les exemplaires d'une œuvre qui est loin d'être foncièrement chrétienne. En 1916, Paul Claudel parlait encore, dans une préface célèbre[1], de « la chambre à grains où Rimbaud écrivit son dernier livre », de « la cheminée ornée d'un grand crucifix où il brûla ses manuscrits ». Pourtant, dès 1901, un bibliophile belge, Léon Losseau, avait retrouvé le ballot contenant les exemplaires de la *Saison*. Berrichon eut beau contester la découverte et essayer d'en étouffer la diffusion,

---

1. *Œuvres d'A. Rimbaud*, Mercure de France.

la légende de la destruction de la *Saison* avait fait son temps.

Délivrée de sa légende, l'œuvre ne s'en trouva pas moins en butte à de nouveaux problèmes. Bien que Rimbaud ait eu soin, à la fin de son texte, de spécifier « avril-août, 1873 », quelques critiques restent sceptiques sur la date de composition. Il convient donc, pour élucider la question, d'explorer la vie du poète durant cette période.

Au début de l'année 1873, Verlaine, qui feint à Londres d'être malade, parvient à attirer de nouveau jusqu'à lui Arthur Rimbaud. Ce dernier — d'après le « Journal » de sa sœur Vitalie — revient le 11 avril à la ferme familiale de Roche. Il écrit en mai à son ami Delahaye qu'il travaille « assez régulièrement » à une série de « petites histoires en prose, titre général : Livre païen, ou Livre nègre ». Rimbaud ajoute en post-scriptum : « Mon sort dépend de ce livre pour lequel une demi-douzaine d'histoires atroces sont encore à inventer ». Il en a pour l'heure rédigé trois. Certains critiques pensent qu'il s'agit de *« Mauvais Sang »*, de *« L'Impossible »* et d'*« Alchimie du Verbe »*, mais l'hypothèse est des plus arbitraire.

Le 25 mai, Rimbaud repart pour l'Angleterre avec Verlaine ; il est désormais pris dans le tourbillon d'une vie faite de disputes, d'abandons et de menaces. Rimbaud a-t-il pu travailler à Londres ? Un dessin de Verlaine le laisse supposer ; assorti de la légende « Comment se fit la Saison en enfer », il représente Rimbaud attablé devant un manuscrit, dans un public house londonien.

En juillet, les deux poètes se retrouvent à Bruxelles. Le 10, c'est le drame. Verlaine, en état d'ébriété, atteint Rimbaud d'un coup de revolver. Légèrement blessé au poignet, le poète pourra quitter son hôpital bruxellois le 20 juillet. C'est à cette même date que Rimbaud rentre à Roche, du moins si l'on se fie aux dires de Paterne Berrichon. Il se serait alors enfermé dans un grenier pour y achever son ouvrage. Berrichon raconte qu' « aux heures de travail, à travers le plancher, on perçoit les sanglots qui réitèrent, convulsifs, coupés, tour à tour, de gémissements, de rica-

nements, de cris, de colère, de malédictions ». Mais un tel
témoignage doit être tenu pour suspect, car Isabelle Rimbaud — dont Berrichon adapte les souvenirs — semble bien
avoir ignoré l'existence de la *Saison* jusqu'en 1891. De toute
façon, les brouillons qui subsistent de l'œuvre attestent un
travail de style minutieux qui contredit l'évocation outran-
cière de Berrichon.

La plupart des critiques ont pourtant accepté le témoignage de Berrichon et en ont fait la base de l'explication
désormais traditionnelle de la *Saison*, à savoir que Rimbaud, ébranlé par le drame de Bruxelles, condamne rageusement les erreurs de sa liaison avec Verlaine. Lorsque, dans
le prélude, le poète écrit qu'il s'est « trouvé sur le point de
faire le dernier couac », la critique voit aussitôt un rappro-
chement avec le coup de revolver bruxellois. Dans le même
sens, elle incline à croire que le texte *« Délires I »* fustige
Verlaine sous le nom de « Vierge folle ».

Certains commentateurs se sont opposés à une telle interprétation. Dans son ouvrage[1], Ruff s'efforce de montrer que
« la *Saison* a été conçue et presque entièrement rédigée
avant juillet 73 ». Pour lui, l'allusion au « dernier couac »
ne peut viser la blessure insignifiante de Bruxelles ; elle rap-
pellerait plutôt un séjour fait dans un hôpital londonien par
Rimbaud qui sentait venir une congestion cérébrale. Berrichon a parlé de ce séjour, mais, les archives de l'hôpital
Français ayant aujourd'hui disparu, Ruff ne peut prouver le
fait. Il n'en dénonce pas moins la place démesurée généralement accordée à la liaison avec Verlaine et à l'affaire de
Bruxelles. La passion des deux poètes aurait, selon lui, depuis longtemps décliné, et un texte comme *« Délires I »*,
loin d'évoquer leur vie commune, confronterait l'âme de
Rimbaud soumise à Dieu à son âme libérée. Bien entendu,
l'interprétation de Ruff ne s'impose pas, mais on ne peut la
négliger.

Il est quand même un point sur lequel toute la critique
s'accorde ; c'est que la *Saison* établit un bilan d'ordre esthé-

1. *Rimbaud*, Hatier, 1968.

tique. Dans « *Alchimie du Verbe* », Rimbaud constate l'échec de son entreprise de « voyant » ; les poèmes de 1872 — qu'il cite avec une aérienne approximation — aspiraient certes à un langage absolu mais restaient empreints d'une « vieillerie poétique » désormais condamnée.

« *Délires I* » et « *Délires II* », qui forment le diptyque central de la *Saison*, montrent l'effort du poète pour se libérer du passé et pour épouser — tant sur le plan vital que littéraire — de nouvelles formes de liberté. Les « pouvoirs surnaturels » que Rimbaud croyait détenir sont devenus illusoires ; il lui faut maintenant river ses rêves à la terre. « Moi ! moi qui me suis dit mage ou ange, dispensé de toute morale, je suis rendu au sol, avec un devoir à chercher, et la réalité rugueuse à étreindre ! Paysan ! » écrit-il dans « *Adieu* », texte qui clôt la *Saison*.

On essaie encore d'expliquer d'un point de vue chrétien « le combat spirituel » de Rimbaud, mais on oublie que, quand le poète entreprend d'écrire la *Saison*, il a depuis longtemps abjuré la foi de son enfance. Il n'entend plus retrouver le christianisme, mais simplement substituer à un idéalisme trompeur les fastes d'une réalité mieux assumée. L'« enfer » traversé par Rimbaud est une « saison » transitoire au terme de laquelle le poète renonce aux rêves absolus de l'adolescence. Déçu dans ses ambitions, il découvre soudain le monde de la maturité qui évide et qui tue. La *Saison* est une œuvre d'exorcisme. Les *Illuminations* seront la manifestation dernière du génie d'Arthur Rimbaud.

UNE SAISON EN ENFER

******

JADIS, si je me souviens bien, ma vie était un festin où s'ouvraient tous les cœurs, où tous les vins coulaient.

Un soir, j'ai assis la Beauté sur mes genoux. — Et je l'ai trouvée amère. — Et je l'ai injuriée.

Je me suis armé contre la justice**.

Je me suis enfui. Ô sorcières***, ô misère, ô haine, c'est à vous que mon trésor a été confié !

Je parvins à faire s'évanouir dans mon esprit toute l'espérance humaine. Sur toute joie pour l'étrangler j'ai fait le bond sourd de la bête féroce.

J'ai appelé les bourreaux pour, en périssant, mordre la crosse de leurs fusils. J'ai appelé les fléaux, pour m'étouffer avec le sable, le sang. Le malheur a été mon dieu. Je me suis allongé dans la boue. Je me suis séché à l'air du crime. Et j'ai joué de bons tours à la folie.

Et le printemps m'a apporté l'affreux rire de l'idiot.

Or, tout dernièrement m'étant trouvé sur le point de faire le dernier *couac***** ! j'ai songé à rechercher la clef du festin ancien, où je reprendrais peut-être appétit.

La charité est cette clef. — Cette inspiration prouve que j'ai rêvé***** !

« Tu resteras hyène, etc. », se récrie le démon qui me couronna de si aimables pavots. « Gagne la mort avec tous tes appétits, et ton égoïsme et tous les péchés capitaux. »

Ah ! j'en ai trop pris : — Mais, cher Satan, je vous en conjure, une prunelle moins irritée ! et en attendant les quelques petites lâchetés en retard, vous qui aimez dans l'écrivain l'absence des facultés descriptives ou instructives, je vous détache ces quelques hideux feuillets de mon carnet de damné.

MAUVAIS SANG*

J'ai de mes ancêtres gaulois l'œil bleu blanc, la cervelle étroite, et la maladresse dans la lutte. Je trouve mon habillement aussi barbare que le leur. mais je ne beurre pas ma chevelure.

Les Gaulois étaient les écorcheurs de bêtes, les brûleurs d'herbes les plus ineptes de leur temps.

D'eux, j'ai : l'idolâtrie et l'amour du sacrilège ; — oh ! tous les vices, colère, luxure, — magnifique, la luxure ; — surtout mensonge et paresse.

J'ai horreur de tous les métiers. Maîtres et ouvriers, tous paysans, ignobles. La main à plume vaut la main à charrue. — Quel siècle à mains ! — Je n'aurai jamais ma main. Après, la domesticité mène trop loin. L'honnêteté de la mendicité me navre. Les criminels dégoûtent comme des châtrés : moi, je suis intact, et ça m'est égal.

Mais ! qui a fait ma langue perfide tellement, qu'elle ait guidé et sauvegardé jusqu'ici ma paresse ? Sans me servir pour vivre même de mon corps, et plus oisif que le crapaud, j'ai vécu partout. Pas une famille d'Europe que je ne connaisse. — J'entends des familles comme la mienne, qui tiennent tout de la déclaration des Droits de l'Homme. — J'ai connu chaque fils de famille !

———

Si j'avais des antécédents à un point quelconque de l'histoire de France !

Mais non, rien.

Il m'est bien évident que j'ai toujours été race inférieure. Je ne puis comprendre la révolte. Ma race ne se souleva jamais que pour piller : tels les loups à la bête qu'ils n'ont pas tuée.

Je me rappelle l'histoire de la France fille aînée de l'Église. J'aurais fait, manant, le voyage de terre sainte ; j'ai dans la tête des routes dans les plaines souabes, des vues de Byzance, des remparts de Solyme ; le culte de Marie, l'attendrissement sur le crucifié s'éveillent en moi parmi mille féeries profanes. — Je suis assis, lépreux, sur les pots cassés et les orties, au pied d'un mur rongé par le soleil. — Plus tard, reître, j'aurais bivaqué sous les nuits d'Allemagne.

Ah ! encore : je danse le sabbat dans une rouge clairière, avec des vieilles et des enfants.

Je ne me souviens pas plus loin que cette terre-ci et le christianisme. Je n'en finirais pas de me revoir dans ce passé. Mais toujours seul ; sans famille ; même, quelle langue parlais-je ? Je ne me vois jamais dans les conseils du Christ ; ni dans les conseils des Seigneurs, — représentants du Christ.

Qu'étais-je au siècle dernier : je ne me retrouve qu'aujourd'hui. Plus de vagabonds, plus de guerres vagues. La race inférieure a tout couvert — le peuple, comme on dit, la raison ; la nation et la science.

Oh ! la science ! On a tout repris. Pour le corps et pour l'âme, — le viatique, — on a la médecine et la philosophie, — les remèdes de bonnes femmes et les chansons populaires arrangées. Et les divertissements des princes et les jeux qu'ils interdisaient ! Géographie, cosmographie, mécanique, chimie !...

La science, la nouvelle noblesse ! Le progrès. Le monde marche ! Pourquoi ne tournerait-il pas ?

C'est la vision des nombres. Nous allons à l'*Esprit*. C'est très-certain, c'est oracle, ce que je dis. Je comprends, et ne sachant m'expliquer sans paroles païennes, je voudrais me taire.

———

Le sang païen revient ! L'Esprit est proche, pourquoi Christ ne m'aide-t-il pas, en donnant à mon âme noblesse et liberté. Hélas ! l'Évangile a passé ! l'Évangile ! l'Évangile.

J'attends Dieu avec gourmandise. Je suis de race inférieure de toute éternité.

Me voici sur la plage armoricaine. Que les villes s'allument dans le soir. Ma journée est faite ; je quitte l'Europe. L'air marin brûlera mes poumons ; les climats perdus me tanneront. Nager, broyer l'herbe, chasser, fumer surtout ; boire des liqueurs fortes comme du métal bouillant, — comme faisaient ces chers ancêtres autour des feux.

Je reviendrai, avec des membres de fer, la peau sombre, l'œil furieux : sur mon masque, on me jugera d'une race forte. J'aurai de l'or : je serai oisif et brutal. Les femmes soignent ces féroces infirmes retour des pays chauds. Je serai mêlé aux affaires politiques. Sauvé.

Maintenant je suis maudit, j'ai horreur de la patrie. Le meilleur, c'est un sommeil bien ivre, sur la grève.

———

On ne part pas. — Reprenons les chemins d'ici, chargé de mon vice, le vice qui a poussé ses racines de souffrance à mon côté, dès l'âge de raison — qui monte au ciel, me bat, me renverse, me traîne.

La dernière innocence et la dernière timidité. C'est dit. Ne pas porter au monde mes dégoûts et mes trahisons.

Allons ! La marche, le fardeau, le désert, l'ennui et la colère.

A qui me louer ? Quelle bête faut-il adorer ? Quelle sainte image attaque-t-on ? Quels cœurs briserai-je ? Quel mensonge dois-je tenir ? — Dans quel sang marcher ?

Plutôt, se garder de la justice. — La vie dure, l'abrutissement simple, — soulever, le poing desséché, le couvercle du cercueil, s'asseoir, s'étouffer. Ainsi point de vieillesse, ni de dangers : la terreur n'est pas française.

— Ah ! je suis tellement délaissé que j'offre à n'importe quelle divine image des élans vers la perfection.

Ô mon abnégation, ô ma charité merveilleuse ! ici-bas,
pourtant !

De profondis Domine, suis-je bête !

Encore tout enfant**, j'admirais le forçat intraitable sur
qui se referme toujours le bagne ; je visitais les auberges et
les garnis qu'il aurait sacrés par son séjour ; je voyais *avec
son idée* le ciel bleu et le travail fleuri de la campagne ; je
flairais sa fatalité dans les villes. Il avait plus de force qu'un
saint, plus de bon sens qu'un voyageur — et lui, lui seul !
pour témoin de sa gloire et de sa raison.

Sur les routes, par des nuits d'hiver, sans gîte, sans habits,
sans pain, une voix étreignait mon cœur gelé : « Faiblesse
ou force : te voilà, c'est la force. Tu ne sais ni où tu vas ni
pourquoi tu vas, entre partout, réponds à tout. On ne te
tuera pas plus que si tu étais cadavre. » Au matin j'avais le
regard si perdu et la contenance si morte, que ceux que j'ai
rencontrés *ne m'ont peut-être pas vu*.

Dans les villes la boue m'apparaissait soudainement
rouge et noire, comme une glace quand la lampe circule
dans la chambre voisine, comme un trésor dans la forêt !
Bonne chance, criais-je, et je voyais une mer de flammes et
de fumée au ciel ; et, à gauche, à droite, toutes les richesses
flambant comme un milliard de tonnerres.

Mais l'orgie et la camaraderie des femmes m'étaient inter-
dites. Pas même un compagnon. Je me voyais devant une
foule exaspérée, en face du peloton d'exécution, pleurant du
malheur qu'ils n'aient pu comprendre, et pardonnant ! —
Comme Jeanne d'Arc ! — « Prêtres, professeurs, maîtres,
vous vous trompez en me livrant à la justice. Je n'ai jamais
été de ce peuple-ci ; je n'ai jamais été chrétien ; je suis de la
race qui chantait dans le supplice ; je ne comprends pas les
lois ; je n'ai pas de sens moral, je suis une brute : vous vous
trompez... »

Oui, j'ai les yeux fermés à votre lumière. Je suis une bête,
un nègre. Mais je puis être sauvé. Vous êtes de faux nègres,
vous maniaques, féroces, avares. Marchand, tu es nègre ;

magistrat, tu es nègre ; général, tu es nègre ; empereur, vieille démangeaison, tu es nègre : tu as bu d'une liqueur non taxée, de la fabrique de Satan. — Ce peuple est inspiré par la fièvre et le cancer. Infirmes et vieillards sont tellement respectables qu'ils demandent à être bouillis. — Le plus malin est de quitter ce continent, où la folie rôde pour pourvoir d'otages ces misérables. J'entre au vrai royaume des enfants de Cham***.

Connais-je encore la nature ? me connais-je ? — *Plus de mots.* J'ensevelis les morts dans mon ventre. Cris, tambour, danse, danse, danse, danse ! Je ne vois même pas l'heure où, les blancs débarquant, je tomberai au néant.

Faim, soif, cris, danse, danse, danse, danse !

———————

Les blancs débarquent. Le canon ! Il faut se soumettre au baptême, s'habiller, travailler.

J'ai reçu au cœur le coup de grâce. Ah ! je ne l'avais pas prévu !

Je n'ai point fait le mal. Les jours vont m'être légers, le repentir me sera épargné. Je n'aurai pas eu les tourments de l'âme presque morte au bien, où remonte la lumière sévère comme les cierges funéraires. Le sort du fils de famille, cercueil prématuré couvert de limpides larmes. Sans doute la débauche est bête, le vice est bête ; il faut jeter la pourriture à l'écart. Mais l'horloge ne sera pas arrivée à ne plus sonner que l'heure de la pure douleur ! Vais-je être enlevé comme un enfant, pour jouer au paradis dans l'oubli de tout le malheur !

Vite ! est-il d'autres vies ? — Le sommeil dans la richesse est impossible. La richesse a toujours été bien public. L'amour divin seul octroie les clefs de la science. Je vois que la nature n'est qu'un spectacle de bonté. Adieu chimères, idéals, erreurs.

Le chant raisonnable des anges s'élève du navire sauveur : c'est l'amour divin. — Deux amours ! je puis mourir de l'amour terrestre, mourir de dévouement. J'ai laissé des âmes dont la peine s'accroîtra de mon départ ! Vous me choisissez parmi les naufragés, ceux qui restent sont-ils pas mes amis ?

Sauvez-les !

La raison m'est née. Le monde est bon. Je bénirai la vie. J'aimerai mes frères. Ce ne sont plus des promesses d'enfance. Ni l'espoir d'échapper à la vieillesse et à la mort. Dieu fait ma force, et je loue Dieu.

———

L'ennui n'est plus mon amour. Les rages, les débauches, la folie, dont je sais tous les élans et les désastres, — tout mon fardeau est déposé. Apprécions sans vertige l'étendue de mon innocence.

Je ne serais plus capable de demander le réconfort d'une bastonnade. Je ne me crois pas embarqué pour une noce avec Jésus-Christ pour beau-père****.

Je ne suis pas prisonnier de ma raison. J'ai dit : Dieu. Je veux la liberté dans le salut : comment la poursuivre ? Les goûts frivoles m'ont quitté. Plus besoin de dévouement ni d'amour divin. Je ne regrette pas le siècle des cœurs sensibles. Chacun a sa raison, mépris et charité : je retiens ma place au sommet de cette angélique échelle de bon sens.

Quant au bonheur établi, domestique ou non... non, je ne peux pas. Je suis trop dissipé, trop faible. La vie fleurit par le travail, vieille vérité : moi, ma vie n'est pas assez pesante, elle s'envole et flotte loin au-dessus de l'action, ce cher point du monde.

Comme je deviens vieille fille, à manquer de courage d'aimer la mort !

Si Dieu m'accordait le calme céleste, aérien, la prière, — comme les anciens saints. — Les saints ! des forts ! les anachorètes, des artistes comme il n'en faut plus !

Farce continuelle ! Mon innocence me ferait pleurer. La vie est la farce à mener par tous.

———

Assez ! voici la punition. — *En marche !*

Ah ! les poumons brûlent, les tempes grondent ! la nuit

roule dans mes yeux, par ce soleil ! le cœur... les membres...

Où va-t-on ? au combat ? Je suis faible ! les autres avancent. Les outils, les armes... le temps !...

Feu ! feu sur moi ! Là ! ou je me rends. — Lâches ! — Je me tue ! Je me jette aux pieds des chevaux !

Ah !...

— Je m'y habituerai.

Ce serait la vie française, le sentier de l'honneur !

NUIT DE L'ENFER*

J'AI avalé une fameuse gorgée de poison**. — Trois fois béni soit le conseil qui m'est arrivé ! — Les entrailles me brûlent. La violence du venin tord mes membres, me rend difforme, me terrasse. Je meurs de soif, j'étouffe, je ne puis crier. C'est l'enfer, l'éternelle peine ! Voyez comme le feu se relève ! Je brûle comme il faut. Va, démon !

J'avais entrevu la conversion au bien et au bonheur, le salut. Puis-je décrire la vision, l'air de l'enfer ne souffre pas les hymnes ! C'était des millions de créatures charmantes, un suave concert spirituel, la force et la paix, les nobles ambitions, que sais-je ?

Les nobles ambitions !

Et c'est encore la vie ! — Si la damnation est éternelle ! Un homme qui veut se mutiler est bien damné, n'est-ce pas ? Je me crois en enfer, donc j'y suis. C'est l'exécution du catéchisme. Je suis esclave de mon baptême. Parents, vous avez fait mon malheur et vous avez fait le vôtre. Pauvre innocent ! L'enfer ne peut attaquer les païens. — C'est la vie encore ! Plus tard, les délices de la damnation seront plus profondes. Un crime, vite, que je tombe au néant, de par la loi humaine.

Tais-toi, mais tais-toi !... C'est la honte, le reproche, ici : Satan qui dit que le feu est ignoble, que ma colère est affreusement sotte. — Assez !... Des erreurs qu'on me souf-

fle, magies, parfums faux, musiques puériles*. — Et dire
que je tiens la vérité, que je vois la justice : j'ai un jugement
sain et arrêté, je suis prêt pour la perfection... Orgueil. — La
peau de ma tête se dessèche. Pitié ! Seigneur, j'ai peur. J'ai
soif, si soif ! Ah ! l'enfance, l'herbe, la pluie, le lac sur les
pierres, *le clair de lune quand le clocher sonnait douze***...
le diable est au clocher, à cette heure. Marie ! Sainte-
Vierge !... — Horreur de ma bêtise.

Là-bas, ne sont-ce pas des âmes honnêtes, qui me veulent
du bien... Venez... J'ai un oreiller sur la bouche, elles ne
m'entendent pas, ce sont des fantômes. Puis, jamais personne ne pense à autrui. Qu'on n'approche pas. Je sens le
roussi, c'est certain.

Les hallucinations sont innombrables. C'est bien ce que
j'ai toujours eu : plus de foi en l'histoire, l'oubli des prin-
cipes. Je m'en tairai : poètes et visionnaires seraient jaloux.
Je suis mille fois le plus riche, soyons avare comme la
mer.

Ah ça ! l'horloge de la vie s'est arrêtée tout à l'heure. Je ne
suis plus au monde. — La théologie est sérieuse, l'enfer est
certainement *en bas* — et le ciel en haut. — Extase, cau-
chemar, sommeil dans un nid de flammes.

Que de malices dans l'attention dans la campagne...
Satan, Ferdinand***, court avec les graines sauvages... Jésus
marche sur les ronces purpurines, sans les courber... Jésus
marchait sur les eaux irritées. La lanterne nous le montra
debout, blanc et des tresses brunes, au flanc d'une vague
d'émeraude...

Je vais dévoiler tous les mystères : mystères religieux ou
naturels, mort, naissance, avenir, passé, cosmogonie, néant.
Je suis maître en fantasmagories.

Écoutez !...

J'ai tous les talents ! — Il n'y a personne ici et il y a
quelqu'un : je ne voudrais pas répandre mon trésor. —
Veut-on des chants nègres, des danses de houris ? Veut-on
que je disparaisse, que je plonge à la recherche de l'*anneau* ?
Veut-on ? Je ferai de l'or, des remèdes.

Fiez-vous donc à moi, la foi soulage, guide, guérit. Tous,

venez, — même les petits enfants, — que je vous console, qu'on répande pour vous son cœur, — le cœur merveilleux ! — Pauvres hommes, travailleurs ! Je ne demande pas de prières ; avec votre confiance seulement, je serai heureux.

— Et pensons à moi. Ceci me fait peu regretter le monde. J'ai de la chance de ne pas souffrir plus. Ma vie ne fut que folies douces, c'est regrettable.

Bah ! faisons toutes les grimaces imaginables.

Décidément, nous sommes hors du monde. Plus aucun son. Mon tact a disparu. Ah ! mon château, ma Saxe, mon bois de saules. Les soirs, les matins, les nuits, les jours... Suis-je las !

Je devrais avoir mon enfer pour la colère, mon enfer pour l'orgueil, — et l'enfer de la caresse ; un concert d'enfers.

Je meurs de lassitude. C'est le tombeau, je m'en vais aux vers, horreur de l'horreur ! Satan, farceur, tu veux me dissoudre, avec tes charmes. Je réclame. Je réclame ! un coup de fourche, une goutte de feu.

Ah ! remonter à la vie ! Jeter les yeux sur nos difformités. Et ce poison, ce baiser mille fois maudit ! Ma faiblesse, la cruauté du monde ! Mon Dieu, pitié, cachez-moi, je me tiens trop mal ! — Je suis caché et je ne le suis pas.

C'est le feu qui se relève avec son damné*.

DÉLIRES*

I

VIERGE FOLLE

L'ÉPOUX INFERNAL

ÉCOUTONS la confession d'un compagnon d'enfer :

« Ô divin Époux, mon Seigneur, ne refusez pas la confession de la plus triste de vos servantes. Je suis perdue. Je suis soûle. Je suis impure. Quelle vie !

« Pardon, divin Seigneur, pardon ! Ah ! pardon ! Que de larmes ! Et que de larmes encore plus tard, j'espère !

« Plus tard, je connaîtrai le divin Époux ! Je suis née soumise à Lui. — L'autre peut me battre maintenant !

« A présent, je suis au fond du monde ! Ô mes amies !.. non, pas mes amies... Jamais délires ni tortures semblables... Est-ce bête !

« Ah ! je souffre, je crie. Je souffre vraiment. Tout pourtant m'est permis, chargée du mépris des plus méprisables cœurs.

« Enfin, faisons cette confidence, quitte à la répéter vingt autres fois, — aussi morne, aussi insignifiante !

« Je suis esclave de l'Époux infernal, celui qui a perdu les vierges folles. C'est bien ce démon-là. Ce n'est pas un spectre, ce n'est pas un fantôme. Mais moi qui ai perdu la sagesse, qui suis damnée et morte au monde, — on ne me tuera pas ! — Comment vous le décrire ! Je ne sais même plus parler. Je suis en deuil, je pleure, j'ai peur. Un peu de fraîcheur, Seigneur, si vous voulez, si vous voulez bien !

« Je suis veuve... — J'étais veuve... — mais oui, j'ai été bien sérieuse jadis, et je ne suis pas née pour devenir squelette !... — Lui était presque un enfant... Ses délicatesses mystérieuses m'avaient séduite. J'ai oublié tout mon devoir humain pour le suivre. Quelle vie ! La vraie vie est absente. Nous ne sommes pas au monde. Je vais où il va, il le faut. Et souvent il s'emporte contre moi, *moi, la pauvre âme*. Le Démon ! — C'est un Démon, vous savez, *ce n'est pas un homme*.

« Il dit : "Je n'aime pas les femmes. L'amour est à réinventer, on le sait. Elles ne peuvent plus que vouloir une position assurée. La position gagnée, cœur et beauté sont mis de côté : il ne reste que froid dédain, l'aliment du mariage, aujourd'hui. Ou bien je vois des femmes, avec les signes du bonheur, dont, moi, j'aurais pu faire de bonnes camarades, dévorées tout d'abord par des brutes sensibles comme des bûchers..."

« Je l'écoute faisant de l'infâmie une gloire, de la cruauté un charme : "Je suis de race lointaine : mes pères étaient

Scandinaves : ils se perçaient les côtes, buvaient leur sang.
— Je me ferai des entailles par tout le corps, je me tatoue-
rai, je veux devenir hideux comme un Mongol : tu verras,
je hurlerai dans les rues. Je veux devenir bien fou de rage.
Ne me montre jamais de bijoux, je ramperais et me tordrais
sur le tapis. Ma richesse, je la voudrais tachée de sang partout. Jamais je ne travaillerai...” Plusieurs nuits, son démon
me saisissant, nous nous roulions, je luttais avec lui ! — Les
nuits, souvent ivre, il se poste dans des rues ou dans des
maisons, pour m'épouvanter mortellement. — “On me cou-
pera vraiment le cou ; ce sera dégoûtant.” Oh ! ces jours où
il veut marcher avec l'air du crime !

« Parfois il parle, en une façon de patois attendri, de la
mort qui fait repentir, des malheureux qui existent certainement, des travaux pénibles, des départs qui déchirent les
cœurs. Dans les bouges où nous nous enivrions, il pleurait
en considérant ceux qui nous entouraient, bétail de la misère. Il relevait les ivrognes dans les rues noires. Il avait la
pitié d'une mère méchante pour les petits enfants. — Il s'en
allait avec des gentillesses de petite fille au catéchisme. — Il
feignait d'être éclairé sur tout, commerce, art, médecine. —
Je le suivais, il le faut !

« Je voyais tout le décor dont, en esprit, il s'entourait ;
vêtements, draps, meubles : je lui prêtais des armes, une
autre figure. Je voyais tout ce qui le touchait, comme il
aurait voulu le créer pour lui. Quand il me semblait avoir
l'esprit inerte, je le suivais, moi, dans des actions étranges et
compliquées, loin, bonnes ou mauvaises : j'étais sûre de ne
jamais entrer dans son monde. A côté de son cher corps
endormi, que d'heures des nuits j'ai veillé, cherchant pourquoi il voulait tant s'évader de la réalité. Jamais homme
n'eut pareil vœu. Je reconnaissais, — sans craindre pour lui,
— qu'il pouvait être un sérieux danger dans la société. — Il
a peut-être des secrets pour *changer la vie* ? Non, il ne fait
qu'en chercher, me répliquais-je. Enfin sa charité est ensorcelée, et j'en suis la prisonnière. Aucune autre âme n'aurait
assez de force, — force de désespoir ! — pour la supporter,
— pour être protégée et aimée par lui. D'ailleurs, je ne me le

figurais pas avec une autre âme : on voit son Ange, jamais l'Ange d'un autre, — je crois. J'étais dans son âme comme dans un palais qu'on a vidé pour ne pas voir une personne si peu noble que vous : voilà tout. Hélas ! je dépendais bien de lui. Mais que voulait-il avec mon existence terne et lâche ? Il ne me rendait pas meilleure, s'il ne me faisait pas mourir ! Tristement dépitée, je lui dis quelquefois : "Je te comprends." Il haussait les épaules.

« Ainsi, mon chagrin se renouvelant sans cesse, et me trouvant plus égarée à mes yeux, — comme à tous les yeux qui auraient voulu me fixer, si je n'eusse été condamnée pour jamais à l'oubli de tous ! — j'avais de plus en plus faim de sa bonté. Avec ses baisers et ses étreintes amies, c'était bien un ciel, un sombre ciel, où j'entrais, et où j'aurais voulu être laissée, pauvre, sourde, muette, aveugle. Déjà j'en prenais l'habitude. Je nous voyais comme deux bons enfants, libres de se promener dans le Paradis de tristesse. Nous nous accordions. Bien émus, nous travaillions ensemble. Mais, après une pénétrante caresse, il disait : "Comme ça te paraîtra drôle, quand je n'y serai plus, ce par quoi tu as passé. Quand tu n'auras plus mes bras sous ton cou, ni mon cœur pour t'y reposer, ni cette bouche sur tes yeux. Parce qu'il faudra que je m'en aille, très loin, un jour. Puis il faut que j'en aide d'autres : c'est mon devoir. Quoique ce ne soit guère ragoûtant..., chère âme..." Tout de suite je me pressentais, lui parti, en proie au vertige, précipitée dans l'ombre la plus affreuse : la mort. Je lui faisais promettre qu'il ne me lâcherait pas. Il l'a faite vingt fois, cette promesse d'amant. C'était aussi frivole que moi lui disant : "Je te comprends."

« Ah ! je n'ai jamais été jalouse de lui. Il ne me quittera pas, je crois. Que devenir ? Il n'a pas une connaissance ; il ne travaillera jamais. Il veut vivre somnambule. Seules, sa bonté et sa charité lui donneraient-elles droit dans le monde réel ? Par instants, j'oublie la pitié où je suis tombée : lui me rendra forte, nous voyagerons, nous chasserons dans les déserts, nous dormirons sur les pavés des villes inconnues, sans soins, sans peines. Ou je me réveillerai, et les lois et les mœurs auront changé, — grâce à son pouvoir magique, — le monde, en restant le même, me laissera à mes désirs, joies, nonchalances. Oh ! la vie d'aventures qui existe dans les livres des enfants, pour me récompenser, j'ai tant souffert, me la donneras-tu ? Il ne peut pas. J'ignore son idéal. Il m'a dit avoir des regrets, des espoirs : cela ne doit pas me regarder. Parle-t-il à Dieu ? Peut-être devrais-je m'adresser à Dieu. Je suis au plus profond de l'abîme, et je ne sais plus prier.

« S'il m'expliquait ses tristesses, les comprendrais-je plus que ses railleries ? Il m'attaque, il passe des heures à me faire honte de tout ce qui m'a pu toucher au monde, et s'indigne si je pleure.

« — Tu vois cet élégant jeune homme, entrant dans la belle et calme maison : il s'appelle Duval, Dufour, Armand, Maurice, que sais-je ? Une femme s'est dévouée à aimer ce méchant idiot : elle est morte, c'est certes une sainte au ciel, à présent. Tu me feras mourir comme il a fait mourir cette femme. C'est notre sort, à nous, cœurs charitables..." Hélas ! il avait des jours où tous les hommes agissant lui paraissaient les jouets de délires grotesques ; il riait affreusement, longtemps. — Puis, il reprenait ses manières de jeune mère, de sœur aînée. S'il était moins sauvage, nous serions sauvés ! Mais sa douceur aussi est mortelle. Je lui suis soumise. — Ah ! je suis folle !

« Un jour peut-être il disparaîtra merveilleusement ; mais il faut que je sache, s'il doit remonter à un ciel, que je voie un peu l'assomption de mon petit ami ! »

Drôle de ménage !

DÉLIRES

II

ALCHIMIE DU VERBE*

A MOI. L'histoire d'une de mes folies.

Depuis longtemps je me vantais de posséder tous les paysages possibles, et trouvais dérisoires les célébrités de la peinture et de la poésie moderne.

J'aimais les peintures idiotes, dessus de portes, décors, toiles de saltimbanques, enseignes, enluminures populaires ; la littérature démodée, latin d'église, livres érotiques sans orthographe, romans de nos aïeules, contes de fées, petits livres de l'enfance, opéras vieux, refrains niais, rhythmes naïfs.

Je rêvais croisades, voyages de découvertes dont on n'a pas de relations, républiques sans histoires, guerres de religion étouffées, révolutions de mœurs, déplacements de races et de continents : je croyais à tous les enchantements.

J'inventai la couleur des voyelles ! — *A* noir, *E* blanc, *I* rouge, *O* bleu, *U* vert. — Je réglai la forme et le mouvement de chaque consonne, et, avec des rhythmes instinctifs, je me flattai d'inventer un verbe poétique accessible, un jour ou l'autre, à tous les sens. Je réservais la traduction.

Ce fut d'abord une étude. J'écrivais des silences, des nuits, je notais l'inexprimable. Je fixai des vertiges.

———

Loin des oiseaux, des troupeaux, des villageoises,
Que buvais-je, à genoux dans cette bruyère
Entourée de tendres bois de noisetiers,
Dans un brouillard d'après-midi tiède et vert ?

Que pouvais-je boire dans cette jeune Oise,
— Ormeaux sans voix, gazon sans fleurs, ciel couvert ! —

Boire à ces gourdes jaunes, loin de ma case
Chérie ? Quelque liqueur d'or qui fait suer.

Je faisais une louche enseigne d'auberge.
— Un orage vint chasser le ciel. Au soir
L'eau des bois se perdait sur les sables vierges,
Le vent de Dieu jetait des glaçons aux mares ;

Pleurant, je voyais de l'or — et ne pus boire. —

———————

A quatre heures du matin, l'été
Le sommeil d'amour dure encore.
Sous les bocages s'évapore
    L'odeur du soir fêté.

Là-bas, dans leur vaste chantier
Au soleil des Hespérides,
Déjà s'agitent — en bras de chemise —
    Les Charpentiers.

Dans leurs Déserts de mousse, tranquilles,
Ils préparent les lambris précieux
    Où la ville
    Peindra de faux cieux.

Ô, pour ces Ouvriers charmants
Sujets d'un roi de Babylone,
Vénus ! quitte un instant les Amants
    Dont l'âme est en couronne.

    Ô Reine des Bergers,
Porte aux travailleurs l'eau-de-vie,
Que leurs forces soient en paix
En attendant le bain dans la mer à midi.

———————

Lᴀ vieillerie poétique avait une bonne part dans mon alchimie du verbe.

Je m'habituai à l'hallucination simple : je voyais très franchement une mosquée à la place d'une usine, une école de tambours faite par des anges, des calèches sur les routes du ciel, un salon au fond d'un lac ; les monstres, les mystères ; un titre de vaudeville dressait des épouvantes devant moi.

Puis j'expliquai mes sophismes magiques avec l'hallucination des mots !

Je finis par trouver sacré le désordre de mon esprit. J'étais oisif, en proie à une lourde fièvre : j'enviais la félicité des bêtes, — les chenilles, qui représentent l'innocence des limbes, les taupes, le sommeil de la virginité !

Mon caractère s'aigrissait. Je disais adieu au monde dans d'espèces de romances :

CHANSON DE LA PLUS HAUTE TOUR

Qu'il vienne, qu'il vienne,
Le temps dont on s'éprenne.

J'ai tant fait patience
Qu'à jamais j'oublie.
Craintes et souffrances
Aux cieux sont parties.
Et la soif malsaine
Obscurcit mes veines.

Qu'il vienne, qu'il vienne,
Le temps dont on s'éprenne.

Telle la prairie
A l'oubli livrée,
Grandie, et fleurie
D'encens et d'ivraies,
Au bourdon farouche
Des sales mouches.

Qu'il vienne, qu'il vienne,
Le temps dont on s'éprenne.

J'aimai le désert, les vergers brûlés, les boutiques fanées,
les boissons tiédies. Je me traînais dans les ruelles puantes
et, les yeux fermés, je m'offrais au soleil, dieu de feu.

« Général, s'il reste un vieux canon sur tes remparts en
ruines, bombarde-nous avec des blocs de terre sèche. Aux
glaces des magasins splendides ! dans les salons ! Fais manger sa poussière à la ville. Oxyde les gargouilles. Emplis les
boudoirs de poudre de rubis brûlante... »

Oh ! le moucheron enivré à la pissotière de l'auberge,
amoureux de la bourrache, et que dissout un rayon !

FAIM

Si j'ai du goût, ce n'est guère
Que pour la terre et les pierres.
Je déjeune toujours d'air,
De roc, de charbons, de fer.

Mes faims, tournez. Paissez, faims,
    Le pré des sons.
Attirez le gai venin
    Des liserons.

Mangez les cailloux qu'on brise,
Les vieilles pierres d'églises ;
Les galets des vieux déluges,
Pains semés dans les vallées grises.

————

Le loup criait sous les feuilles
En crachant les belles plumes
De son repas de volailles :
Comme lui je me consume.

Les salades, les fruits
N'attendent que la cueillette ;
Mais l'araignée de la haie
Ne mange que des violettes.

Que je dorme ! que je bouille
Aux autels de Salomon.
Le bouillon court sur la rouille,
Et se mêle au Cédron.

Enfin, ô bonheur, ô raison, j'écartai du ciel l'azur, qui est du noir, et je vécus, étincelle d'or de la lumière *nature*. De joie, je prenais une expression bouffonne et égarée au possible :

Elle est retrouvée !
Quoi ? l'éternité.
C'est la mer mêlée
    Au soleil.

Mon âme éternelle,
Observe ton vœu
Malgré la nuit seule
Et le jour en feu.

Donc tu te dégages
Des humains suffrages,
Des communs élans !
Tu voles selon...

— Jamais l'espérance,
    Pas d'*orietur*.
Science et patience,
Le supplice est sûr.

Plus de lendemain,
Braises de satin,
    Votre ardeur
    Est le devoir.

Elle est retrouvée !
— Quoi ? — l'Éternité.
C'est la mer mêlée
    Au soleil.

———

Je devins un opéra fabuleux : je vis que tous les êtres ont une fatalité de bonheur : l'action n'est pas la vie, mais une façon de gâcher quelque force, un énervement. La morale est la faiblesse de la cervelle.

A chaque être, plusieurs *autres* vies me semblaient dues. Ce monsieur ne sait ce qu'il fait : il est un ange. Cette famille est une nichée de chiens. Devant plusieurs hommes, je causai tout haut avec un moment d'une de leurs autres vies. — Ainsi, j'ai aimé un porc.

Aucun des sophismes de la folie, — la folie qu'on enferme, — n'a été oublié par moi : je pourrais les redire tous, je tiens le système.

Ma santé fut menacée. La terreur venait. Je tombais dans des sommeils de plusieurs jours, et, levé, je continuais les rêves les plus tristes. J'étais mûr pour le trépas, et par une route de dangers ma faiblesse me menait aux confins du monde et de la Cimmérie, patrie de l'ombre et des tourbillons.

Je dus voyager, distraire les enchantements assemblés sur mon cerveau. Sur la mer, que j'aimais comme si elle eût dû me laver d'une souillure, je voyais se lever la croix consolatrice. J'avais été damné par l'arc-en-ciel. Le Bonheur était ma fatalité, mon remords, mon ver : ma vie serait toujours trop immense pour être dévouée à la force et à la beauté.

Le Bonheur ! Sa dent, douce à la mort, m'avertissait au chant du coq, — *ad matutinum*, au *Christus venit*, — dans les plus sombres villes.

O saisons, ô chateaux !
Quelle âme est sans défauts ?

J'ai fait la magique étude
Du bonheur, qu'aucun n'élude.

Salut à lui, chaque fois
Que chante le coq gaulois.

Ah ! je n'aurai plus d'envie :
Il s'est chargé de ma vie.

Ce charme a pris âme et corps
Et dispersé les efforts.

Ô saisons, ô châteaux !

L'heure de sa fuite, hélas !
Sera l'heure du trépas.

Ô saisons, ô châteaux !

———

Cela s'est passé. Je sais aujourd'hui saluer la beauté.

L'IMPOSSIBLE*

AH ! cette vie de mon enfance, la grande route par tous les temps, sobre surnaturellement, plus désintéressé que le meilleur des mendiants, fier de n'avoir ni pays, ni amis, quelle sottise c'était. — Et je m'en aperçois seulement !

— J'ai eu raison de mépriser ces bonshommes qui ne perdraient pas l'occasion d'une caresse, parasites de la propreté et de la santé de nos femmes, aujourd'hui qu'elles sont si peu d'accord avec nous.

J'ai eu raison dans tous mes dédains : puisque je m'évade !

Je m'évade !

Je m'explique.

Hier encore, je soupirais : « Ciel ! sommes-nous assez

de damnés ici-bas ! Moi j'ai tant de temps déjà dans leur troupe ! Je les connais tous. Nous nous reconnaissons toujours ; nous nous dégoûtons. La charité nous est inconnue. Mais nous sommes polis ; nos relations avec le monde sont très-convenables. » Est-ce étonnant ? Le monde ! les marchands, les naïfs ! — Nous ne sommes pas déshonorés. — Mais les élus, comment nous recevraient-ils ? Or il y a des gens hargneux et joyeux, de faux élus, puisqu'il nous faut de l'audace ou de l'humilité pour les aborder. Ce sont les seuls élus. Ce ne sont pas des bénisseurs !

M'étant retrouvé deux sous de raison — ça passe vite ! — je vois que mes malaises viennent de ne m'être pas figuré assez tôt que nous sommes à l'Occident. Les marais occidentaux ! Non que je croie la lumière altérée, la forme exténuée, le mouvement égaré... Bon ! voici que mon esprit veut absolument se charger de tous les développements cruels qu'a subis l'esprit depuis la fin de l'Orient... Il en veut, mon esprit !

... Mes deux sous de raison sont finis ! — L'esprit est autorité, il veut que je sois en Occident. Il faudrait le faire taire pour conclure comme je voulais.

J'envoyais au diable les palmes des martyrs, les rayons de l'art, l'orgueil des inventeurs, l'ardeur des pillards ; je retournais à l'Orient et à la sagesse première et éternelle. — Il paraît que c'est un rêve de paresse grossière !

Pourtant, je ne songeais guère au plaisir d'échapper aux souffrances modernes. Je n'avais pas en vue la sagesse bâtarde du Coran. — Mais n'y a-t-il pas un supplice réel en ce que, depuis cette déclaration de la science, le christianisme, l'homme *se joue*, se prouve les évidences, se gonfle du plaisir de répéter des preuves, et ne vit que comme cela ! Torture subtile, niaise ; source de mes divagations spirituelles. La nature pourrait s'ennuyer, peut-être ! M. Prudhomme est né avec le Christ.

N'est-ce pas parce que nous cultivons la brume ! Nous mangeons la fièvre avec nos légumes aqueux. Et l'ivrognerie ! et le tabac ! et l'ignorance ! et les dévouements ! — Tout cela est-il assez loin de la pensée de la sagesse de l'Orient, la patrie primitive ? Pourquoi un monde moderne, si de pareils poisons s'inventent !

Les gens d'Église diront : C'est compris. Mais vous voulez parler de l'Eden. Rien pour vous dans l'histoire des peuples orientaux. — C'est vrai ; c'est à l'Eden que je songeais ! Qu'est-ce que c'est pour mon rêve, cette pureté des races antiques !

Les philosophes : Le monde n'a pas d'âge. L'humanité se déplace, simplement. Vous êtes en Occident, mais libre d'habiter dans votre Orient, quelque ancien qu'il vous le faille, — et d'y habiter bien. Ne soyez pas un vaincu. Philosophes, vous êtes de votre Occident.

Mon esprit, prends garde. Pas de partis de salut violents. Exerce-toi ! — Ah ! la science ne va pas assez vite pour nous !

— Mais je m'aperçois que mon esprit dort.

S'il était bien éveillé toujours à partir de ce moment, nous serions bientôt à la vérité, qui peut-être nous entoure avec ses anges pleurant !... — S'il avait été éveillé jusqu'à ce moment-ci, c'est que je n'aurais pas cédé aux instincts délétères, à une époque immémoriale !... — S'il avait toujours été bien éveillé, je voguerais en pleine sagesse !...

Ô pureté ! pureté !

C'est cette minute d'éveil qui m'a donné la vision de la pureté ! — Par l'esprit on va à Dieu !

Déchirante infortune !

L'ÉCLAIR*

LE travail humain ! c'est l'explosion qui éclaire mon abîme de temps en temps.

« Rien n'est vanité ; à la science, et en avant ! » crie l'Ecclésiaste moderne, c'est-à-dire *Tout le monde*. Et pourtant les cadavres des méchants et des fainéants tombent sur le cœur des autres... Ah ! vite, vite un peu ; là-bas, par delà la nuit, ces récompenses futures, éternelles... les échappons-nous ?...

— Qu'y puis-je ? Je connais le travail ; et la science est trop lente. Que la prière galope et que la lumière gronde... je le vois bien. C'est trop simple, et il fait trop chaud ; on se passera de moi. J'ai mon devoir, j'en serai fier à la façon de plusieurs, en le mettant de côté.

Ma vie est usée. Allons ! feignons, fainéantons, ô pitié ! Et nous existerons en nous amusant, en rêvant amours monstres et univers fantastiques, en nous plaignant et en querellant les apparences du monde, saltimbanque, mendiant, artiste, bandit, — prêtre ! Sur mon lit d'hôpital, l'odeur de l'encens m'est revenue si puissante ; gardien des aromates sacrés, confesseur, martyr...

Je reconnais là ma sale éducation d'enfance. Puis quoi !... Aller mes vingt ans, si les autres vont vingt ans...

Non ! non ! à présent je me révolte contre la mort ! Le travail paraît trop léger à mon orgueil : ma trahison au monde serait un supplice trop court. Au dernier moment, j'attaquerais à droite, à gauche...

Alors, — oh ! — chère pauvre âme, l'éternité serait-elle pas perdue pour nous !

MATIN*

N'EUS-JE pas *une fois* une jeunesse aimable, héroïque, fabuleuse, à écrire sur des feuilles d'or, — trop de chance ! Par quel crime, par quelle erreur, ai-je mérité ma faiblesse actuelle ? Vous qui prétendez que des bêtes poussent des sanglots de chagrin, que des malades désespèrent, que des morts rêvent mal, tâchez de raconter ma chute et mon sommeil. Moi, je ne puis pas plus m'expliquer que le mendiant avec ses continuels *Pater* et *Ave Maria. Je ne sais plus parler !*

Pourtant, aujourd'hui, je crois avoir fini la relation de

mon enfer. C'était bien l'enfer ; l'ancien, celui dont le fils de l'homme ouvrit les portes.

Du même désert, à la même nuit, toujours mes yeux las se réveillent à l'étoile d'argent, toujours, sans que s'émeuvent les Rois de la vie, les trois mages, le cœur, l'âme, l'esprit. Quand irons-nous, par delà les grèves et les monts, saluer la naissance du travail nouveau, la sagesse nouvelle, la fuite des tyrans et des démons, la fin de la superstition, adorer — les premiers ! — Noël sur la terre !

Le chant des cieux, la marche des peuples ! Esclaves, ne maudissons pas la vie.

ADIEU*

L'AUTOMNE déjà ! — Mais pourquoi regretter un éternel soleil, si nous sommes engagés à la découverte de la clarté divine, — loin des gens qui meurent sur les saisons.

L'automne. Notre barque élevée dans les brumes immobiles tourne vers le port de la misère, la cité énorme au ciel taché de feu et de boue. Ah ! les haillons pourris, le pain trempé de pluie, l'ivresse, les mille amours qui m'ont crucifié ! Elle ne finira donc point cette goule reine de millions d'âmes et de corps morts *et qui seront jugés* ! Je me revois la peau rongée par la boue et la peste, des vers plein les cheveux et les aisselles et encore de plus gros vers dans le cœur, étendu parmi les inconnus sans âge, sans sentiment... J'aurais pu y mourir... L'affreuse évocation ! J'exècre la misère.

Et je redoute l'hiver parce que c'est la saison du comfort !

— Quelquefois je vois au ciel des plages sans fin couvertes de blanches nations en joie. Un grand vaisseau d'or, au-dessus de moi, agite ses pavillons multicolores sous les brises du matin. J'ai créé toutes les fêtes, tous les triomphes, tous les drames. J'ai essayé d'inventer de nouvelles fleurs, de nouveaux astres, de nouvelles chairs, de nouvelles langues. J'ai cru acquérir des pouvoirs surnaturels. Eh bien ! je dois enterrer mon imagination et mes souvenirs ! Une belle gloire d'artiste et de conteur emportée !

Moi ! moi qui me suis dit mage ou ange, dispensé de toute morale, je suis rendu au sol, avec un devoir à chercher, et la réalité rugueuse à étreindre ! Paysan !

Suis-je trompé ? la charité serait-elle sœur de la mort, pour moi ?

Enfin, je demanderai pardon pour m'être nourri de mensonge. Et allons.

Mais pas une main amie ! et où puiser le secours ?

————

Oui, l'heure nouvelle est au moins très — sévère.

Car je puis dire que la victoire m'est acquise : les grincements de dents, les sifflements de feu, les soupirs empestés se modèrent. Tous les souvenirs immondes s'effacent. Mes derniers regrets détalent, — des jalousies pour les mendiants, les brigands, les amis de la mort, les arriérés de toutes sortes. — Damnés, si je me vengeais !

Il faut être absolument moderne.

Point de cantiques : tenir le pas gagné. Dure nuit ! le sang séché fume sur ma face, et je n'ai rien derrière moi, que cet horrible arbrisseau !... Le combat spirituel est aussi brutal que la bataille d'hommes ; mais la vision de la justice est le plaisir de Dieu seul.

Cependant c'est la veille. Recevons tous les influx de vigueur et de tendresse réelle. Et à l'aurore, armés d'une ardente patience, nous entrerons aux splendides villes.

Que parlais-je de main amie ! Un bel avantage, c'est que je puis rire des vieilles amours mensongères, et frapper de honte ces couples menteurs, — j'ai vu l'enfer des femmes là-bas ; — et il me sera loisible de *posséder la vérité dans une âme et un corps***.

Avril-août, 1873.

ILLUMINATIONS

Les *Illuminations* ont le voile mystérieux de l'énigme. La critique littéraire s'interroge toujours sur la date de composition de ces « proses » rimbaldiennes. Le point est important ; il détermine l'optique que l'on a de l'ascension créatrice d'Arthur Rimbaud. Les *Illuminations* sont-elles l'exercice du voyant qui les aurait composées avant *Une saison en enfer*, ou la flore géniale d'un esprit qui a dépassé ses hantises adolescentes pour s'aboucher au souffle redécouvert de la poésie vraie ?

Verlaine et Delahaye sont à l'origine du conflit qui oppose les historiens de la littérature ; ils ont, tous deux, proposé des pistes divergentes. Verlaine, préfaçant en 1886 l'édition originale des *Illuminations*, précise : « Le livre que nous offrons au public fut écrit de 1873 à 1875, parmi des voyages tant en Belgique qu'en Angleterre et dans toute l'Allemagne. » Delahaye, quant à lui, date les *Illuminations* de 1872-1873. Il l'écrit à Paterne Berrichon le 25 novembre 1897. Il le répète en 1927 dans son édition des *Illuminations*.

Le malheur est qu'il est parfois arrivé à Delahaye de se tromper, de même que souvent les témoignages de Verlaine sont suspects ; Gustave Kahn n'écrira-t-il pas en 1898 : « Les *Illuminations* sont-elles postérieures ou antérieures à *Une saison en enfer* ? Paul Verlaine n'était pas très fixé sur ce point. »

Ce n'est qu'en 1949 que le problème des *Illuminations* trouve une solution tranchée. Dans une thèse célèbre, Bouil-

lane de Lacoste donne raison à Verlaine contre Delahaye. Il
s'appuie sur une étude graphologique approfondie des manuscrits pour dater les *Illuminations* de l'année 1874 au plus
tôt. Bouillane de Lacoste estime que les poèmes ont été
écrits à Londres, lorsque Rimbaud s'y trouvait avec Germain Nouveau.

Cette thèse fit couler beaucoup d'encre, habitués
qu'étaient certains à penser que la *Saison* achevait l'œuvre
de Rimbaud.

En 1952, Antoine Adam s'efforce à son tour d'éclaircir
« l'énigme des *Illuminations* ». Avec une ingéniosité qui fait
tout de même fi du génie créateur (Adam ramène trop souvent le poème à l'exclusive biographie du poète), le professeur en Sorbonne attribue à certaines pièces des dates tar-
dives pouvant aller jusqu'à l'année 1878. *Démocratie*, pour
ne citer qu'un poème, aurait été composé en 1876, au retour
du voyage de Rimbaud à Java.

D'autres critiques ont également pris position, ont édicté
des dates.

Pour mieux cerner le problème, il faut en revenir aux
manuscrits et à leur histoire mouvementée. Les manuscrits
des *Illuminations* sont passés de mains en mains. Rimbaud
aurait-il remis ses poèmes à Verlaine lors de leur tumul-
tueuse rencontre de Stuttgart en 1875 ? Il est difficile de
l'affirmer. Du moins Verlaine écrit-il le 1er mai 1875 à
Delahaye : « Rimbaud m'ayant prié d'envoyer, pour être
imprimés, des poèmes en prose siens (que j'avais) à ce
même Nouveau, alors à Bruxelles (je parle d'il y a deux
mois !), j'ai envoyé — 2 francs 75 de port... — illico, et tout
naturellement ai accompagné l'envoi d'une lettre polie... ».
Germain Nouveau aurait donc reçu le manuscrit, aurait vai-
nement essayé de le faire éditer et l'aurait finalement confié
à Charles de Sivry, beau-frère de Verlaine. En 1886, le
manuscrit passe un temps dans les mains de Le Cardonnel
et échoue chez Gustave Kahn qui le publie dans sa revue *La
Vogue* puis en plaquette. Pour ce faire, Kahn a chargé
Fénéon de mettre de l'ordre dans les « feuillets... volants et
non paginés ». Son classement arbitraire des 29 premières

pièces sera désormais suivi par les éditeurs. Cinq nouvelles « proses », retrouvées par Charles de Sivry, seront publiées en 1895 à la suite des *Poésies complètes* ; il s'agit de *Fairy, Guerre, Génie, Jeunesse* et *Solde*.

Tous ces manuscrits vont quelque peu s'éparpiller avant de devenir la propriété du docteur Lucien Graux puis celle, depuis 1957, de la Bibliothèque nationale où nous les avons consultés.

Le manuscrit dit « Lucien-Graux » se divise en deux tomes. Le premier contient les pièces numérotées 1 à 29 ; le second, les pièces retrouvées par Charles de Sivry, moins les paragraphes II, III, IV de *Jeunesse* et le poème *Génie* qui appartient aujourd'hui à M. Pierre Berès. Ce collectionneur possède également les manuscrits de *Scènes, Soir historique, Bottom, H* et *Mouvement*. Si *Promontoire* fait lui aussi partie d'une collection particulière, on ne sait rien en revanche de *Dévotion* et de *Démocratie*.

La consultation des manuscrits montre qu'il ne s'agit pas de brouillons mais très exactement de copies destinées à l'impression. Les ratures sont rares. Dans certaines pièces, l'écriture se fait parfois plus ronde et l'encre plus pâle que dans d'autres. Si des poèmes se suivent sur les feuillets, l'ordre d'ensemble paraît néanmoins arbitraire. On reconnaît l'écriture de Germain Nouveau dans la copie de quelques poèmes. Il y a donc tout lieu de suivre Bouillane de Lacoste lorsqu'il dit que les poèmes datent du séjour londonien où Nouveau accompagnait Rimbaud, c'est-à-dire de 1874.

Cependant, la copie d'un poème n'indique en rien sa date de composition. Dès lors, affirmer que les poèmes de Rimbaud ont dans leur totalité vu le jour en 1874, devient hasardeux d'autant qu'il existe une lettre de 1872 dans laquelle Verlaine, alors à Londres, réclame des lettres de Rimbaud contenant des poèmes en prose.

Quelques poèmes des *Illuminations* pourraient appartenir à la période du voyant ou en être le tardif reflet ; l'on songe à *Nocturne vulgaire*, à *Veillées I et II*, à *Matinée d'ivresse*. Mais quand bien même Rimbaud aurait écrit certaines *Illu-*

minations en 1872, on peut penser avec Yves Bonnefoy qu'il jetait dès avant l'échec pressenti de la *Saison* les fondations intellectuelles de sa géniale entreprise finale.

« Nous nous sommes toujours fait de l'évolution technique de l'expression chez Rimbaud cette idée claire qu'elle allait du vers à la prose, la transition étant marquée par les poèmes *Marine* et *Mouvement* », écrit pour sa part André Breton[1].

Ce passage du vers à la prose implique-t-il une lointaine influence de Baudelaire ? Il serait hasardeux de l'affirmer car, si la prose est pour le « roi des poètes[2] » une expérience distincte de la poésie versifiée, elle s'impose à Rimbaud comme une nécessité ; son vers ne cesse de s'acheminer progressivement vers la prose. Cette évolution formelle est complémentaire de l'évolution spirituelle du poète depuis la *Saison*. Rimbaud s'est libéré de sa croyance illusoire en une « alchimie du verbe » et a condamné une entreprise poétique coupée de la réalité, mais il n'a pas abandonné toute ambition littéraire. Les *Illuminations* sont l'œuvre de sa brûlante maturité. L'expression rimbaldienne y retrouve toute sa spontanéité, procède par ellipses explosives et par enivrantes énumérations.

Il est dans cet ensemble de « proses » une dynamique du langage plus expressive que le sens et qui se substitue à lui. Le verbe se fait énergie pure. C'est lui — et lui seul — qui ébranle le roc du réel oppressant. Pour secouer le joug hostile, Rimbaud use d'une langue volontiers exclamative, courte mais vive poussée d'aile :

(*Ô palmes ! diamant ! — Amour ! force ! — plus haut que toutes joies et gloires ! — de toutes façons, partout, — Démon, dieu — Jeunesse de cet être-ci ; moi !*[3])

---

1. *Flagrant Délit*, Thésée, 1949.
2. « Baudelaire est le premier voyant, roi des poètes, *un vrai* Dieu. Encore a-t-il vécu dans un milieu trop artiste ; et la forme si vantée en lui est mesquine : les inventions d'inconnu réclament des formes nouvelles » (Lettre du voyant).
3. « Angoisse. »

Cette langue enjoint le sentiment d'une délivrance — issue trouvée, envol pressé. Mais lorsque la nuit hostile se fait de plus en plus épaisse, Rimbaud recourt à l'interpellation brutale, à l'appel incisif :

Lève la tête[1]

Tu en es encore à la tentation d'Antoine[2]

Mais tu te mettras à ce travail[3]

Départ dans l'affection et le bruit neufs[4] !

En avant, route[5] !

Par les ordres qu'il émet pour soi, le poète se ressaisit et, dans le même temps, convie le lecteur à emboîter le pas.

Dans *Illuminations*, Rimbaud fait jaillir son poème du passage douloureux de l'ombre à la lumière, de la blessure à la lucidité. La poésie trouve son expression naturelle dans l'élan d'un *Départ* absolu, fruit d'une rupture radicale avec la jeunesse échouée et d'une impulsion fougueuse vers l'imprévue perfection :

« Quant au monde, quand tu sortiras, que sera-t-il devenu ? En tout cas, rien des apparences actuelles[6] ».

La plupart des poèmes d'*Illuminations* chantent un état de transition, équilibre précaire entre la montée de l'espoir et sa retombée brutale, entre le fabuleux instinct de mort et l'éclair soudain de la délivrance.

Rimbaud rêve de substituer à l'éprouvante « mécanique érotique » les fastes d'un « nouvel amour » qui connaîtrait son inébranlable apogée dans le partage amoureux de la parole poétique. Déçu de n'avoir pu « changer la vie » et

1. « Métropolitain. »
2. 3. « Jeunesse. »
4. « Départ. »
5. « Démocratie. »
6. « Jeunesse. »

contraint de « solder » ses plus hautes ambitions, Rimbaud
cherche un recours dans l'aimantation de son langage.

Génie, poète intense, décrit avec lucidité le don extrême
du poète à ceux qui savent « le héler et le voir », « suivre ses
vues, ses souffles, son corps, son jour ». Mais ce poème dit
également le tourment du démiurge frustré de sa création,
« tant il la sent menacée par une destruction qui, peut-être,
a déjà eu lieu », écrit Pierre Brunel qui estime qu'« en cela
les *Illuminations* ne sont peut-être pas si différentes d'*Une
saison en enfer*. Mais alors que l'Enfer nié retenait prisonnier le damné, la Genèse désirée échappe au démiurge, non
sans avoir laissé ce qui pour nous est mieux que des cendres : la braise »[1].

Le titre *Illuminations* a été diversement expliqué. Dans sa
préface au recueil, écrite en 1886, Verlaine signale que « le
sous-titre que M. Rimbaud avait donné à son manuscrit »
est « coloured plates », ce qui signifie en anglais « gravures
colorées ». Mais, en 1878, Verlaine avait parlé à Charles de
Sivry des « *Illuminations* (painted plates) » ; ce sous-titre
qui désigne des « assiettes peintes » sera repris par Bouillane de Lacoste dans son édition critique. Quoi qu'il en
soit, le mot *Illuminations* est anglais. Il est proche du sens
d'« enluminures » ou simplement d'« images » mais fait également songer à des textes « illuminés ». On peut remarquer
que ce mot ne détonne pas dans une œuvre où le vocabu-
laire anglais est très présent — ne serait-ce que par les titres
des poèmes, *Being Beauteous, Fairy, Bottom* — et où s'impose l'énorme décor londonien. Mais les « illuminations »
ne sont-elles pas avant tout les fragments d'une écriture qui,
à la recherche de « la nouvelle harmonie », nous livrerait
quelques fulgurants éclairs issus de l'éclat du désastre ?

1. *Arthur Rimbaud ou l'éclatant désastre*, Champ Vallon, 1983, pp. 186 et
192.

Notre édition présente d'abord les vingt-neuf pièces du premier manuscrit Lucien-Graux. Suivent le manuscrit Guelliot *(Promontoire)* et les textes de *La Vogue* qui sont des manuscrits Berès à l'exception de *Dévotion* et *Démocratie*.

Le recueil s'achève sur le second manuscrit Lucien-Graux qui comprend *Fairy* et surtout des pièces significatives de la liquidation radicale de Rimbaud avec son passé : *Guerre, Jeunesse* et *Solde*.

Génie clôt le recueil.

APRÈS LE DÉLUGE*

AUSSITÔT après que l'idée du Déluge se fut rassise,

Un lièvre s'arrêta dans les sainfoins et les clochettes mouvantes et dit sa prière à l'arc-en-ciel à travers la toile de l'araignée.

Oh les pierres précieuses qui se cachaient, — les fleurs qui regardaient déjà.

Dans la grande rue sale les étals se dressèrent, et l'on tira les barques vers la mer étagée là-haut comme sur les gravures.

Le sang coula, chez Barbe-Bleue, — aux abattoirs, — dans les cirques, où le sceau de Dieu blêmit les fenêtres. Le sang et le lait coulèrent.

Les castors bâtirent. Les « mazagrans » fumèrent dans les estaminets.

Dans la grande maison de vitres encore ruisselante les enfants en deuil regardèrent les merveilleuses images.

Une porte claqua, et sur la place du hameau, l'enfant tourna ses bras, compris des girouettes et des coqs des clochers de partout, sous l'éclatante giboulée.

Madame*** établit un piano dans les Alpes. La messe et les premières communions se célébrèrent aux cent mille autels de la cathédrale.

Les caravanes partirent. Et le Splendide Hôtel fut bâti dans le chaos de glaces et de nuits du pôle.

Depuis lors, la Lune entendit les chacals piaulant par les déserts de thym, — et les églogues en sabots grognant dans le verger. Puis, dans la futaie violette, bourgeonnante, Eucharis me dit que c'était le printemps.

— Sourds, étang, — Écume, roule sur le pont et par-dessus les bois ; — draps noirs et orgues, — éclairs et tonnerre, — montez et roulez ; — Eaux et tristesses, montez et relevez les Déluges.

Car depuis qu'ils se sont dissipés, — oh ! les pierres précieuses s'enfouissant, et les fleurs ouvertes ! — c'est un ennui ! et la Reine, la Sorcière qui allume sa braise dans le pot de terre, ne voudra jamais nous raconter ce qu'elle sait, et que nous ignorons.

ENFANCE*

I

CETTE idole, yeux noirs et crin jaune, sans parents ni cour, plus noble que la fable, mexicaine et flamande ; son domaine, azur et verdure insolents, court sur des plages nommées par des vagues sans vaisseaux, de noms férocement grecs, slaves, celtiques.

A la lisière de la forêt, — les fleurs de rêve tintent, éclatent, éclairent, — la fille à lèvre d'orange, les genoux croisés dans le clair déluge qui sourd des prés, nudité qu'ombrent, traversent et habillent les arcs-en-ciel, la flore, la mer.

Dames qui tournoient sur les terrasses voisines de la mer ; enfantes et géantes, superbes, noires dans la mousse vert-de-gris, bijoux debout sur le sol gras des bosquets et des jardinets dégelés, — jeunes mères et grandes sœurs aux regards pleins de pèlerinages, sultanes, princesses de démarche et de costume tyranniques, petites étrangères et personnes doucement malheureuses.

Quel ennui, l'heure du « cher corps » et « cher cœur ».

II

C'est elle, la petite morte, derrière les rosiers. — La jeune maman trépassée descend le perron. — La calèche du cousin crie sur le sable — Le petit frère — (il est aux Indes !) là, devant le couchant, sur le pré d'œillets. — Les vieux qu'on a enterrés tout droits dans le rempart aux giroflées.

L'essaim des feuilles d'or entoure la maison du général. Ils sont dans le midi. — On suit la route rouge pour arriver à l'auberge vide. Le château est à vendre ; les persiennes sont détachées. — Le curé aura emporté la clef de l'église. — Autour du parc, les loges des gardes sont inhabitées. Les palissades sont si hautes qu'on ne voit que les cimes bruissantes. D'ailleurs il n'y a rien à voir là-dedans.

Les prés remontent aux hameaux sans coqs, sans enclumes. L'écluse est levée. O les calvaires et les moulins du désert, les îles et les meules.

Des fleurs magiques bourdonnaient. Les talus *le* berçaient. Des bêtes d'une élégance fabuleuse circulaient. Les nuées s'amassaient sur la haute mer faite d'une éternité de chaudes larmes.

III

Au bois il y a un oiseau, son chant vous arrête et vous fait rougir.

Il y a une horloge qui ne sonne pas.

Il y a une fondrière avec un nid de bêtes blanches.

Il y a une cathédrale qui descend et un lac qui monte.

Il y a une petite voiture abandonnée dans le taillis, ou qui descend le sentier en courant, enrubannée.

Il y a une troupe de petits comédiens en costumes, aperçus sur la route à travers la lisière du bois.

Il y a enfin, quand l'on a faim et soif, quelqu'un qui vous chasse.

IV

Je suis le saint, en prière sur la terrasse, — comme les bêtes pacifiques paissent jusqu'à la mer de Palestine.

Je suis le savant au fauteuil sombre. Les branches et la pluie se jettent à la croisée de la bibliothèque.

Je suis le piéton de la grand'route par les bois nains ; la rumeur des écluses couvre mes pas. Je vois longtemps la mélancolique lessive d'or du couchant.

Je serais bien l'enfant abandonné sur la jetée partie à la haute mer, le petit valet, suivant l'allée dont le front touche le ciel.

Les sentiers sont âpres. Les monticules se couvrent de genêts. L'air est immobile. Que les oiseaux et les sources sont loin ! Ce ne peut être que la fin du monde, en avançant.

V

Qu'on me loue enfin ce tombeau, blanchi à la chaux avec les lignes du ciment en relief — très loin sous terre.

Je m'accoude à la table, la lampe éclaire très vivement ces journaux que je suis idiot de relire, ces livres sans intérêt.

A une distance énorme au-dessus de mon salon souterrain, les maisons s'implantent, les brumes s'assemblent. La boue est rouge ou noire. Ville monstrueuse, nuit sans fin !

Moins haut, sont des égouts. Aux côtés, rien que l'épaisseur du globe. Peut-être les gouffres d'azur, des puits de feu. C'est peut-être sur ces plans que se rencontrent lunes et comètes, mers et fables.

Aux heures d'amertume je m'imagine des boules de saphir, de métal. Je suis maître du silence. Pourquoi une apparence de soupirail blêmirait-elle au coin de la voûte ?

CONTE*

UN Prince était vexé de ne s'être employé jamais qu'à la perfection des générosités vulgaires. Il prévoyait d'étonnantes révolutions de l'amour, et soupçonnait ses femmes de pouvoir mieux que cette complaisance agrémentée de ciel et de luxe. Il voulait voir la vérité, l'heure du désir et de la satisfaction essentiels. Que ce fût ou non une aberration de piété, il voulut. Il possédait au moins un assez large pouvoir humain.

Toutes les femmes qui l'avaient connu furent assassinées. Quel saccage du jardin de la beauté ! Sous le sabre, elles le bénirent. Il n'en commanda point de nouvelles. — Les femmes réapparurent.

Il tua tous ceux qui le suivaient, après la chasse ou les libations. — Tous le suivaient.

Il s'amusa à égorger les bêtes de luxe. Il fit flamber les palais. Il se ruait sur les gens et les taillait en pièces. — La foule, les toits d'or, les belles bêtes existaient encore.

Peut-on s'extasier dans la destruction, se rajeunir par la cruauté ! Le peuple ne murmura pas. Personne n'offrit le concours de ses vues.

Un soir il galopait fièrement. Un Génie apparut, d'une beauté ineffable, inavouable même. De sa physionomie et de son maintien ressortait la promesse d'un amour multiple et complexe ! d'un bonheur indicible, insupportable même ! Le Prince et le Génie s'anéantirent probablement dans la santé essentielle. Comment n'auraient-ils pas pu en mourir ? Ensemble donc ils moururent.

Mais ce Prince décéda, dans son palais, à un âge ordinaire. Le prince était le Génie. Le Génie était le Prince.

La musique savante manque à notre désir.

PARADE*

Des drôles très solides. Plusieurs ont exploité vos mondes. Sans besoins, et peu pressés de mettre en œuvre leurs brillantes facultés et leur expérience de vos consciences. Quels hommes mûrs ! Des yeux hébétés à la façon de la nuit d'été, rouges et noirs, tricolores, d'acier piqué d'étoiles d'or ; des facies déformés, plombés, blêmis, incendiés ; des enrouements folâtres ! La démarche cruelle des oripeaux ! — Il y a quelques jeunes, — comment regarderaient-ils Chérubin ? — pourvus de voix effrayantes et de quelques ressources dangereuses. On les envoie prendre du dos en ville, affublés d'un *luxe* dégoûtant.

Ô le plus violent Paradis de la grimace enragée ! Pas de comparaison avec vos Fakirs et les autres bouffonneries scéniques. Dans des costumes improvisés avec le goût du mauvais rêve ils jouent des complaintes, des tragédies de malandrins et de demi-dieux spirituels comme l'histoire ou les religions ne l'ont jamais été. Chinois, Hottentots, bohémiens, niais, hyènes, Molochs, vieilles démences, démons sinistres, ils mêlent les tours populaires, maternels, avec les poses et les tendresses bestiales. Ils interpréteraient des pièces nouvelles et des chansons « bonnes filles ». Maîtres jongleurs, ils transforment le lieu et les personnes et usent de la comédie magnétique. Les yeux flambent, le sang chante, les os s'élargissent, les larmes et des filets rouges ruissellent. Leur raillerie ou leur terreur dure une minute, ou des mois entiers.

J'ai seul la clef de cette parade sauvage.

ANTIQUE*

Gracieux fils de Pan ! Autour de ton front couronné de fleurettes et de baies tes yeux, des boules précieuses, remuent. Tachées de lies brunes, tes joues se creusent. Tes crocs luisent. Ta poitrine ressemble à une cithare, des tintements circulent dans tes bras blonds. Ton cœur bat dans ce ventre où dort le double sexe. Promène-toi, la nuit, en mouvant doucement cette cuisse, cette seconde cuisse et cette jambe de gauche.

BEING BEAUTEOUS*

DEVANT une neige un Être de Beauté de haute taille. Des sifflements de mort et des cercles de musique sourde font monter, s'élargir et trembler comme un spectre ce corps adoré ; des blessures écarlates et noires éclatent dans les chairs superbes. Les couleurs propres de la vie se foncent, dansent, et se dégagent autour de la Vision, sur le chantier. Et les frissons s'élèvent et grondent, et la saveur forcenée de ces effets se chargeant avec les sifflements mortels et les rauques musiques que le monde, loin derrière nous, lance sur notre mère de beauté, — elle recule, elle se dresse. Oh ! nos os sont revêtus d'un nouveau corps amoureux.

****

Ô la face cendrée, l'écusson de crin, les bras de cristal ! Le canon sur lequel je dois m'abattre à travers la mêlée des arbres et de l'air léger !

VIES*

I

Ô LES énormes avenues du pays saint, les terrasses du temple ! Qu'a-t-on fait du brahmane qui m'expliqua les Proverbes ? D'alors, de là-bas, je vois encore même les vieilles ! Je me souviens des heures d'argent et de soleil vers les fleuves, la main de la campagne** sur mon épaule, et de nos caresses debout dans les plaines poivrées. — Un envol de pigeons écarlates tonne autour de ma pensée — Exilé ici j'ai eu une scène où jouer les chefs-d'œuvre dramatiques de toutes les littératures. Je vous indiquerais les richesses inouïes. J'observe l'histoire des trésors que vous trouvâtes. Je vois la suite ! Ma sagesse est aussi dédaignée que le chaos. Qu'est mon néant, auprès de la stupeur qui vous attend ?

II

Je suis un inventeur bien autrement méritant que tous ceux qui m'ont précédé ; un musicien même, qui ai trouvé quelque chose comme la clef de l'amour. A présent, gentilhomme d'une campagne aigre au ciel sobre, j'essaye de m'émouvoir au souvenir de l'enfance mendiante, de l'apprentissage ou de l'arrivée en sabots, des polémiques, des cinq ou six veuvages, et quelques noces où ma forte tête m'empêcha de monter au diapason des camarades. Je ne regrette pas ma vieille part de gaîté divine : l'air sobre de cette aigre campagne alimente fort activement mon atroce scepticisme. Mais comme ce scepticisme ne peut désormais être mis en œuvre, et que d'ailleurs je suis dévoué à un trouble nouveau, — j'attends de devenir un très méchant fou.

III

Dans un grenier où je fus enfermé à douze ans j'ai connu le monde, j'ai illustré la comédie humaine. Dans un cellier j'ai appris l'histoire. A quelque fête de nuit dans une cité du Nord j'ai rencontré toutes les femmes des anciens peintres. Dans un vieux passage à Paris on m'a enseigné les sciences classiques. Dans une magnifique demeure cernée par l'Orient entier j'ai accompli mon immense œuvre et passé mon illustre retraite. J'ai brassé mon sang. Mon devoir m'est remis. Il ne faut même plus songer à cela. Je suis réellement d'outre-tombe, et pas de commissions.

DÉPART*

Assez vu. La vision s'est rencontrée à tous les airs.

Assez eu. Rumeurs des villes, le soir, et au soleil, et toujours.

Assez connu. Les arrêts de la vie. — Ô Rumeurs et Visions !

Départ dans l'affection et le bruit neufs !

ROYAUTÉ*

Un beau matin, chez un peuple fort doux, un homme et une femme superbes criaient sur la place publique. « Mes amis, je veux qu'elle soit reine ! » « Je veux être reine ! » Elle riait et tremblait. Il parlait aux amis de révélation, d'épreuve terminée. Ils se pâmaient l'un contre l'autre.

En effet ils furent rois toute une matinée où les tentures carminées se relevèrent sur les maisons, et toute l'après-midi, où ils s'avancèrent du côté des jardins de palmes.

A UNE RAISON*

Un coup de ton doigt sur le tambour décharge tous les sons et commence la nouvelle harmonie.

Un pas de toi c'est la levée des nouveaux hommes et leur en marche.

Ta tête se détourne : le nouvel amour !
Ta tête se retourne — le nouvel amour !

« Change nos lots, crible les fléaux, à commencer par le temps », te chantent ces enfants. « Élève n'importe où la substance de nos fortunes et de nos vœux » on t'en prie.

Arrivée de toujours, qui t'en iras partout.

MATINÉE D'IVRESSE*

Ô *mon* Bien ! Ô *mon* Beau ! Fanfare atroce où je ne trébuche point ! chevalet** féerique ! Hourra pour l'œuvre inouïe et pour le corps merveilleux, pour la première fois ! Cela commença sous les rires des enfants, cela finira par eux. Ce poison va rester dans toutes nos veines même quand, la fanfare tournant, nous serons rendus à l'ancienne inharmonie. Ô maintenant nous si digne de ces tortures ! rassemblons fervemment cette promesse surhumaine faite à notre corps et à notre âme créés : cette promesse, cette démence ! L'élégance, la science, la violence ! On nous a promis d'enterrer dans l'ombre l'arbre du bien et du mal, de déporter les honnêtetés tyranniques, afin que nous amenions notre très pur amour. Cela commença par quelques dégoûts et cela finit, — ne pouvant nous saisir sur-le-champ de cette éternité, — cela finit par une débandade de parfums.

Rire des enfants, discrétion des esclaves, austérité des vierges, horreur des figures et des objets d'ici, sacrés soyez-vous par le souvenir de cette veille. Cela commençait par toute la rustrerie, voici que cela finit par des anges de flamme et de glace.

Petite veille d'ivresse, sainte ! quand ce ne serait que pour le masque dont tu nous as gratifié. Nous t'affirmons, méthode ! Nous n'oublions pas que tu as glorifié hier chacun de nos âges. Nous avons foi au poison. Nous savons donner notre vie tout entière tous les jours.

Voici le temps des *Assassins***.

PHRASES*

Quand le monde sera réduit en un seul bois noir pour nos quatre yeux étonnés, — en une plage pour deux enfants fidèles, — en une maison musicale pour notre claire sympathie, — je vous trouverai.

Qu'il n'y ait ici-bas qu'un vieillard seul, calme et beau, entouré d'un « luxe inouï », — et je suis à vos genoux.

Que j'aie réalisé tous vos souvenirs, — que je sois celle qui sait vous garrotter, — je vous étoufferai.

———————

Quand nous sommes très forts, — qui recule ? très gais, qui tombe de ridicule ? Quand nous sommes très méchants, que ferait-on de nous.

Parez-vous, dansez, riez — Je ne pourrai jamais envoyer l'Amour par la fenêtre.

———————

— Ma camarade, mendiante, enfant monstre ! comme ça t'est égal, ces malheureuses et ces manœuvres, et mes embarras. Attache-toi à nous avec ta voix impossible, ta voix ! unique flatteur de ce vil désespoir.

———————

Une matinée couverte, en Juillet. Un goût de cendres vole dans l'air ; — une odeur de bois suant dans l'âtre, — les fleurs rouies, — le saccage des promenades, — la bruine des canaux par les champs — pourquoi pas déjà les joujoux et l'encens ?

***

J'ai tendu des cordes de clocher à clocher ; des guirlandes de fenêtre à fenêtre ; des chaînes d'or d'étoile à étoile, et je danse.

***

Le haut étang fume continuellement. Quelle sorcière va se dresser sur le couchant blanc ? Quelles violettes frondaisons vont descendre ?

***

Pendant que les fonds publics s'écoulent en fêtes de fraternité, il sonne une cloche de feu rose dans les nuages.

***

Avivant un agréable goût d'encre de Chine, une poudre noire pleut doucement sur ma veillée. — Je baisse les feux du lustre, je me jette sur le lit, et tourné du côté de l'ombre, je vous vois, mes filles ! mes reines !

OUVRIERS*

Ô CETTE chaude matinée de février. Le Sud inopportun vint relever nos souvenirs d'indigents absurdes, notre jeune misère.

Henrika avait une jupe de coton à carreau blanc et brun, qui a dû être portée au siècle dernier, un bonnet à rubans, et un foulard de soie. C'était bien plus triste qu'un deuil. Nous faisions un tour dans la banlieue. Le temps était couvert, et ce vent du Sud excitait toutes les vilaines odeurs des jardins ravagés et des prés desséchés.

Cela ne devait pas fatiguer ma femme au même point que moi. Dans une flache laissée par l'inondation du mois précédent à un sentier assez haut elle me fit remarquer de très petits poissons.

La ville, avec sa fumée et ses bruits de métiers, nous suivait très loin dans les chemins. Ô l'autre monde, l'habitation bénie par le ciel et les ombrages ! Le sud me rappelait les misérables incidents de mon enfance, mes désespoirs d'été, l'horrible quantité de force et de science que le sort a toujours éloignée de moi. Non ! nous ne passerons pas l'été dans cet avare pays où nous ne serons jamais que des orphelins fiancés. Je veux que ce bras durci ne traîne plus *une chère image*.

LES PONTS*

DES ciels gris de cristal. Un bizarre dessin de ponts, ceux-ci droits, ceux-là bombés, d'autres descendant ou obliquant en angles sur les premiers, et ces figures se renouvelant dans les autres circuits éclairés du canal, mais tous tellement longs et légers que les rives chargées de dômes s'abaissent et s'amoindrissent. Quelques-uns de ces ponts sont encore chargés de masures. D'autres soutiennent des mâts, des signaux, de frêles parapets. Des accords mineurs se croisent, et filent, des cordes montent des berges. On distingue une veste rouge, peut-être d'autres costumes et des instruments de musique. Sont-ce des airs populaires, des bouts de concerts seigneuriaux, des restants d'hymnes publics ? L'eau est grise et bleue, large comme un bras de mer. — Un rayon blanc, tombant du haut du ciel, anéantit cette comédie.

VILLE*

JE suis un éphémère et point trop mécontent citoyen d'une métropole crue moderne parce que tout goût connu a été éludé dans les ameublements et l'extérieur des maisons aussi bien que dans le plan de la ville. Ici vous ne signaleriez les traces d'aucun monument de superstition. La morale et la langue sont réduites à leur plus simple expression,

enfin ! Ces millions de gens qui n'ont pas besoin de se connaître amènent** si pareillement l'éducation, le métier et la
vieillesse, que ce cours de vie doit être plusieurs fois moins
long que ce qu'une statistique folle trouve pour les peuples
du continent. Aussi comme, de ma fenêtre, je vois des spectres nouveaux roulant à travers l'épaisse et éternelle fumée
de charbon, — notre ombre des bois, notre nuit d'été ! —
des Erynnies*** nouvelles, devant mon cottage qui est ma
patrie et tout mon cœur puisque tout ici ressemble à ceci, —
la Mort sans pleurs, notre active fille et servante, un Amour
désespéré, et un joli Crime piaulant dans la boue de la
rue.

ORNIÈRES*

A DROITE l'aube d'été éveille les feuilles et les vapeurs et les
bruits de ce coin du parc, et les talus de gauche tiennent
dans leur ombre violette les mille rapides ornières de la
route humide. Défilé de féeries. En effet : des chars chargés
d'animaux de bois doré, de mâts et de toiles bariolées, au
grand galop de vingt chevaux de cirque tachetés, et les
enfants et les hommes sur leurs bêtes les plus étonnantes ;
— vingt véhicules, bossés, pavoisés et fleuris comme des
carrosses anciens ou de contes, pleins d'enfants attifés pour
une pastorale suburbaine. — Même des cercueils sous leur
dais de nuit dressant les panaches d'ébène, filant au trot des
grandes juments bleues et noires.

VILLES*

CE sont des villes ! C'est un peuple pour qui se sont montés
ces Alleghanys et ces Libans de rêve ! Des chalets de cristal
et de bois qui se meuvent sur des rails et des poulies invi-

sibles. Les vieux cratères ceints de colosses et de palmiers de cuivre rugissent mélodieusement dans les feux. Des fêtes amoureuses sonnent sur les canaux pendus derrière les chalets. La chasse des carillons crie dans les gorges. Des corporations de chanteurs géants accourent dans des vêtements et des oriflammes éclatants comme la lumière des cimes. Sur les plateformes au milieu des gouffres les Rolands sonnent leur bravoure. Sur les passerelles de l'abîme et les toits des auberges l'ardeur du ciel pavoise les mâts. L'écroulement des apothéoses rejoint les champs des hauteurs où les centauresses séraphiques évoluent parmi les avalanches. Au-dessus du niveau des plus hautes crêtes une mer troublée par la naissance éternelle de Vénus, chargée de flottes orphéoniques et de la rumeur des perles et des conques précieuses, — la mer s'assombrit parfois avec des éclats mortels. Sur les versants des moissons de fleurs grandes comme nos armes et nos coupes, mugissent. Des cortèges de Mabs en robes rousses, opalines, montent des ravines. Là-haut, les pieds dans la cascade et les ronces, les cerfs tettent Diane. Les Bacchantes des banlieues sanglotent et la lune brûle et hurle. Vénus entre dans les cavernes des forgerons et des ermites. Des groupes de beffrois chantent les idées des peuples. Des châteaux bâtis en os sort la musique inconnue. Toutes les légendes évoluent et les élans se ruent dans les bourgs. Le paradis des orages s'effondre. Les sauvages dansent sans cesse la fête de la nuit. Et une heure je suis descendu dans le mouvement d'un boulevard de Bagdad où des compagnies ont chanté la joie du travail nouveau, sous une brise épaisse, circulant sans pouvoir éluder les fabuleux fantômes des monts où l'on a dû se retrouver.

Quels bons bras, quelle belle heure me rendront cette région d'où viennent mes sommeils et mes moindres mouvements ?

VAGABONDS*

PITOYABLE frère ! Que d'atroces veillées je lui dus ! « Je ne me saisissais pas fervemment de cette entreprise. Je m'étais joué de son infirmité. Par ma faute nous retournerions en exil, en esclavage. » Il me supposait un guignon et une innocence très bizarres, et il ajoutait des raisons inquiétantes.

Je répondais en ricanant à ce satanique docteur, et finissais par gagner la fenêtre. Je créais, par delà la campagne traversée par des bandes de musique rare, les fantômes du futur luxe nocturne.

Après cette distraction vaguement hygiénique, je m'étendais sur une paillasse. Et, presque chaque nuit, aussitôt endormi, le pauvre frère se levait, la bouche pourrie, les yeux arrachés, — tel qu'il se rêvait ! — et me tirait dans la salle en hurlant son songe de chagrin idiot.

J'avais en effet, en toute sincérité d'esprit, pris l'engagement de le rendre à son état primitif de fils du soleil, — et nous errions, nourris du vin des cavernes et du biscuit de la route, moi pressé de trouver le lieu et la formule.

VILLES*

L'ACROPOLE officielle outre les conceptions de la barbarie moderne les plus colossales. Impossible d'exprimer le jour mat produit par ce ciel immuablement gris, l'éclat impérial des bâtisses, et la neige éternelle du sol. On a reproduit dans un goût d'énormité singulier toutes les merveilles classiques de l'architecture. J'assiste à des expositions de peinture dans des locaux vingt fois plus vastes qu'Hampton-Court. Quelle peinture ! Un Nabuchodonosor norwégien a fait construire les escaliers des ministères ; les subalternes que j'ai pu voir sont déjà plus fiers que des Brahmas** et j'ai tremblé à l'aspect des gardiens de colosses et officiers de constructions. Par le groupement des bâtiments en square, cours et terrasses fermées, on a évincé les cochers. Les parcs représentent la nature primitive travaillée par un art superbe. Le haut quartier a des parties inexplicables : un bras de mer, sans bateaux, roule sa nappe de grésil bleu entre des quais chargés de candélabres géants. Un pont court conduit à une poterne immédiatement sous le dôme de la Sainte-Chapelle. Ce dôme est une armature d'acier artistique de quinze mille pieds de diamètre environ.

Sur quelques points des passerelles de cuivre, des plates-formes, des escaliers qui contournent les halles et les piliers, j'ai cru pouvoir juger la profondeur de la ville ! C'est le prodige dont je n'ai pu me rendre compte : quels sont les niveaux des autres quartiers sur ou sous l'acropole ? Pour l'étranger de notre temps la reconnaissance est impossible. Le quartier commerçant est un circus d'un seul style, avec galeries à arcades. On ne voit pas de boutiques, mais la neige de la chaussée est écrasée ; quelques nababs aussi rares que les promeneurs d'un matin de dimanche à Londres, se dirigent vers une diligence de diamants. Quelques divans de velours rouge : on sert des boissons polaires dont le prix varie de huit cents à huit mille roupies. A l'idée de chercher des théâtres sur ce circus, je me réponds que les boutiques doivent contenir des drames assez sombres. Je pense qu'il y a une police, mais la loi doit être tellement étrange, que je renonce à me faire une idée des aventuriers d'ici.

Le faubourg aussi élégant qu'une belle rue de Paris est favorisé d'un air de lumière. L'élément démocratique compte quelques cents*** âmes. Là encore les maisons ne se suivent pas ; le faubourg se perd bizarrement dans la campagne, le « Comté » qui remplit l'occident éternel des forêts et des plantations prodigieuses où les gentilshommes sauvages chassent leurs chroniques sous la lumière qu'on a créée.

VEILLÉES*

I

C'EST le repos éclairé, ni fièvre ni langueur, sur le lit ou sur le pré.

C'est l'ami ni ardent ni faible. L'ami.

C'est l'aimée ni tourmentante ni tourmentée. L'aimée.

L'air et le monde point cherchés. La vie.

— Était-ce donc ceci ?

— Et le rêve fraîchit.

II

L'éclairage revient à l'arbre de bâtisse. Des deux extrémités de la salle, décors quelconques, des élévations harmoniques se joignent. La muraille en face du veilleur est une succession psychologique de coupes de frises, de bandes atmosphériques et d'accidences géologiques. — Rêve intense et rapide de groupes sentimentaux avec des êtres de tous les caractères parmi toutes les apparences.

III

Les lampes et les tapis de la veillée font le bruit des vagues, la nuit, le long de la coque et autour du steerage**.

La mer de la veillée, telle que les seins d'Amélie.

Les tapisseries, jusqu'à mi-hauteur, des taillis de dentelle, teinte d'émeraude, où se jettent les tourterelles de la veillée.

. . . .

La plaque du foyer noir, de réels soleils des grèves : ah ! puits des magies ; seule vue d'aurore, cette fois.

MYSTIQUE*

Sur la pente du talus les anges tournent leurs robes de laine dans les herbages d'acier et d'émeraude.

Des prés de flammes bondissent jusqu'au sommet du mamelon. A gauche le terreau de l'arête est piétiné par tous les homicides et toutes les batailles, et tous les bruits désastreux filent leur courbe. Derrière l'arête de droite la ligne des orients, des progrès.

Et tandis que la bande en haut du tableau est formée de la rumeur tournante et bondissante des conques des mers et des nuits humaines,

La douceur fleurie des étoiles et du ciel et du reste descend en face du talus, comme un panier, contre notre face, et fait l'abîme fleurant et bleu là-dessous.

AUBE*

J'ai embrassé l'aube d'été.

Rien ne bougeait encore au front des palais. L'eau était morte. Les camps d'ombres ne quittaient pas la route du bois. J'ai marché, réveillant les haleines vives et tièdes, et les pierreries regardèrent, et les ailes se levèrent sans bruit.

La première entreprise fut, dans le sentier déjà empli de frais et blêmes éclats, une fleur qui me dit son nom.

Je ris au wasserfall** blond qui s'échevela à travers les sapins : à la cime argentée je reconnus la déesse.

Alors je levai un à un les voiles. Dans l'allée, en agitant les bras. Par la plaine, où je l'ai dénoncée au coq. A la grand'ville elle fuyait parmi les clochers et les dômes, et courant comme un mendiant sur les quais de marbre, je la chassais.

En haut de la route, près d'un bois de lauriers, je l'ai entourée avec ses voiles amassés, et j'ai senti un peu son immense corps. L'aube et l'enfant tombèrent au bas du bois. Au réveil il était midi.

FLEURS*

D'UN gradin d'or, — parmi les cordons de soie, les gazes grises, les velours verts et les disques de cristal qui noircissent comme du bronze au soleil, — je vois la digitale s'ouvrir sur un tapis de filigranes d'argent, d'yeux et de chevelures.

Des pièces d'or jaune semées sur l'agate, des piliers d'acajou supportant un dôme d'émeraudes, des bouquets de satin blanc et de fines verges de rubis entourent la rose d'eau.

Tels qu'un dieu aux énormes yeux bleus et aux formes de neige, la mer et le ciel attirent aux terrasses de marbre la foule des jeunes et fortes roses.

NOCTURNE VULGAIRE*

UN souffle ouvre des brèches opéradiques dans les cloisons, — brouille le pivotement des toits rongés, — disperse les limites des foyers, — éclipse les croisées. — Le long de la vigne, m'étant appuyé du pied à une gargouille, — je suis descendu dans ce carrosse dont l'époque est assez indiquée par les glaces convexes, les panneaux bombés et les sophas contournés — Corbillard de mon sommeil, isolé, maison de berger de ma niaiserie, le véhicule vire sur le gazon de la grande route effacée : et dans un défaut en haut de la glace de droite tournoient les blêmes figures lunaires, feuilles, seins. — Un vert et un bleu très foncés envahissent l'image. Dételage aux environs d'une tache de gravier.

— Ici, va-t-on siffler pour l'orage, et les Sodomes — et les Solymes**, — et les bêtes féroces et les armées,

— (Postillon et bêtes de songe reprendront-ils sous les

plus suffocantes futaies, pour m'enfoncer jusqu'aux yeux dans la source de soie.)

— Et nous envoyer, fouettés à travers les eaux clapotantes et les boissons répandues, rouler sur l'aboi des dogues...

— Un souffle disperse les limites du foyer.

MARINE*

Les chars d'argent et de cuivre —

Les proues d'acier et d'argent —

Battent l'écume, —

Soulèvent les souches des ronces —

Les courants de la lande,

Et les ornières immenses du reflux,

Filent circulairement vers l'est,

Vers les piliers de la forêt, —

Vers les fûts de la jetée,

Dont l'angle est heurté par des

Tourbillons de lumière.

FÊTE D'HIVER*

La cascade sonne derrière les huttes d'opéra-comique. Des girandoles prolongent, dans les vergers et les allées voisins du Méandre, — les verts et les rouges du couchant. Nymphes d'Horace coiffées au Premier Empire, — Rondes Sibériennes, Chinoises de Boucher.

ANGOISSE*

Se peut-il qu'Elle me fasse pardonner les ambitions continuellement écrasées, — qu'une fin aisée répare les âges d'indigence, — qu'un jour de succès nous endorme sur la honte de notre inhabileté fatale,

(Ô palmes ! diamant ! — Amour, force ! — plus haut que toutes joies et gloires ! — de toutes façons, partout, — Démon, dieu, — Jeunesse de cet être-ci ; moi !)

Que des accidents de féerie scientifique et des mouvements de fraternité sociale soient chéris comme restitution progressive de la franchise première ?...

Mais la Vampire qui nous rend gentils commande que nous nous amusions avec ce qu'elle nous laisse, ou qu'autrement nous soyons plus drôles.

Rouler aux blessures, par l'air lassant et la mer ; aux supplices, par le silence des eaux et de l'air meurtriers ; aux tortures qui rient, dans leur silence atrocement houleux.

MÉTROPOLITAIN*

Du détroit d'indigo aux mers d'Ossian, sur le sable rose et orange qu'a lavé le ciel vineux viennent de monter et de se croiser des boulevards de cristal habités incontinent par de jeunes familles pauvres qui s'alimentent chez les fruitiers. Rien de riche. — La ville !

Du désert de bitume fuient droit en déroute avec les nappes de brumes échelonnées en bandes affreuses au ciel qui se recourbe, se recule et descend, formé de la plus sinistre fumée noire que puisse faire l'Océan en deuil, les casques, les roues, les barques, les croupes. — La bataille !

Lève la tête : ce pont de bois, arqué ; les derniers potagers de Samarie** ; ces masques enluminés sous la lanterne

fouettée par la nuit froide ; l'ondine niaise à la robe bruyan-
te, au bas de la rivière ; les crânes lumineux dans les plans
de pois — et les autres fantasmagories — La campagne.

Des routes bordées de grilles et de murs, contenant à
peine leurs bosquets, et les atroces fleurs qu'on appellerait
cœurs et sœurs, Damas damnant de langueur, — possessions
de féeriques aristocraties ultra-Rhénanes, Japonaises, Gua-
ranies***, propres encore à recevoir la musique des anciens
— et il y a des auberges qui pour toujours n'ouvrent déjà
plus — il y a des princesses, et si tu n'es pas trop accablé,
l'étude des astres — Le ciel.

Le matin où avec Elle, vous vous débattîtes parmi les
éclats de neige, ces lèvres vertes, les glaces, les drapeaux
noirs et les rayons bleus, et les parfums pourpres du soleil
des pôles, — ta force.

BARBARE*

Bien après les jours et les saisons, et les êtres et les pays,

Le pavillon en viande saignante sur la soie des mers et
des fleurs arctiques ; (elles n'existent pas.)

Remis des vieilles fanfares d'héroïsme — qui nous attaquent encore le cœur et la tête — loin des anciens assassins —

— Oh ! Le pavillon en viande saignante sur la soie des
mers et des fleurs arctiques ; (elles n'existent pas)

Douceurs !

Les brasiers, pleuvant aux rafales de givre, — Douceurs !
— les feux à la pluie du vent de diamants jetée par le
cœur terrestre éternellement carbonisé pour nous. — Ô
monde ! —

(Loin des vieilles retraites et des vieilles flammes, qu'on
entend, qu'on sent,)

Les brasiers et les écumes. La musique, virement des
gouffres et choc des glaçons aux astres.

Ô Douceurs, ô monde, ô musique ! Et là, les formes, les sueurs, les chevelures et les yeux, flottant. Et les larmes blanches, bouillantes, — ô douceurs ! — et la voix féminine arrivée au fond des volcans et des grottes arctiques.

Le pavillon.....

PROMONTOIRE*

L'AUBE d'or et la soirée frissonnante trouvent notre brick en large en face de cette villa et de ses dépendances, qui forment un promontoire aussi étendu que l'Épire et le Péloponnèse, ou que la grande île du Japon, ou que l'Arabie ! Des fanums** qu'éclaire la rentrée des théories***, d'immenses vues de la défense des côtes modernes ; des dunes illustrées de chaudes fleurs et de bacchanales ; de grands canaux de Carthage et des Embankments**** d'une Venise louche ; de molles éruptions d'Etnas et des crevasses de fleurs et d'eaux des glaciers ; des lavoirs entourés de peupliers d'Allemagne ; des talus de parcs singuliers penchant des têtes d'Arbre du Japon ; les façades circulaires des « Royal » ou des « Grand » de Scarbro' et de Brooklyn ; et leurs railways flanquent, creusent, surplombent les dispositions de cet Hôtel, choisies dans l'histoire des plus élégantes et des plus colossales constructions de l'Italie, de l'Amérique et de l'Asie, dont les fenêtres et les terrasses à présent pleines d'éclairages, de boissons et de brises riches, sont ouvertes à l'esprit des voyageurs et des nobles — qui permettent, aux heures du jour, à toutes les tarentelles des côtes, — et même aux ritournelles des vallées illustres de l'art, de décorer merveilleusement les façades du Palais-Promontoire.

SCÈNES*

L'ANCIENNE Comédie poursuit ses accords et divise ses Idylles :

Des boulevards de tréteaux.

Un long pier** en bois d'un bout à l'autre d'un champ rocailleux où la foule barbare évolue sous les arbres dépouillés.

Dans des corridors de gaze noire suivant le pas des promeneurs aux lanternes et aux feuilles.

Des oiseaux des mystères s'abattent sur un ponton de maçonnerie mû par l'archipel couvert des embarcations des spectateurs.

Des scènes lyriques accompagnées de flûte et de tambour s'inclinent dans des réduits ménagés sous les plafonds, autour des salons de clubs modernes ou des salles de l'Orient ancien.

La féerie manœuvre au sommet d'un amphithéâtre couronné par les taillis, — Ou s'agite et module pour les Béotiens, dans l'ombre des futaies mouvantes sur l'arête des cultures.

L'opéra-comique se divise sur notre scène à l'arête d'intersection de dix cloisons dressées de la galerie aux feux.

SOIR HISTORIQUE*

EN quelque soir, par exemple, que se trouve le touriste naïf, retiré de nos horreurs économiques, la main d'un maître anime le clavecin des prés ; on joue aux cartes au fond de l'étang, miroir évocateur des reines et des mignonnes, on a les saintes, les voiles, et les fils d'harmonie, et les chromatismes légendaires, sur le couchant.

Il frissonne au passage des chasses et des hordes. La comédie goutte sur les tréteaux de gazon. Et l'embarras des pauvres et des faibles sur ces plans stupides !

A sa vision esclave, — l'Allemagne s'échafaude vers des lunes ; les déserts tartares s'éclairent — les révoltes anciennes grouillent dans le centre du Céleste Empire ; par les escaliers et les fauteuils de rois, un petit monde blême et plat, Afrique et Occidents, va s'édifier. Puis un ballet de mers et de nuits connues, une chimie sans valeur, et des mélodies impossibles.

La même magie bourgeoise à tous les points où la malle nous déposera ! Le plus élémentaire physicien sent qu'il n'est plus possible de se soumettre à cette atmosphère personnelle, brume de remords physiques, dont la constatation est déjà une affliction.

Non ! — Le moment de l'étuve, des mers enlevées, des embrasements souterrains, de la planète emportée, et des exterminations conséquentes, certitudes si peu malignement indiquées dans la Bible et par les Nornes** et qu'il sera donné à l'être sérieux de surveiller. — Cependant ce ne sera point un effet de légende !

BOTTOM*

La réalité étant trop épineuse pour mon grand caractère, — je me trouvai néanmoins chez ma dame, en gros oiseau gris bleu s'essorant vers les moulures du plafond et traînant l'aile dans les ombres de la soirée.

Je fus, au pied du baldaquin supportant ses bijoux adorés et ses chefs-d'œuvre physiques, un gros ours aux gencives violettes et au poil chenu de chagrin, les yeux aux cristaux et aux argents des consoles.

Tout se fit ombre et aquarium ardent.

Au matin, — aube de juin batailleuse, — je courus aux champs, âne, claironnant et brandissant mon grief, jusqu'à ce que les Sabines de la banlieue vinrent se jeter à mon poitrail.

H*

TOUTES les monstruosités violent les gestes atroces d'Hortense. Sa solitude est la mécanique érotique, sa lassitude, la dynamique amoureuse. Sous la surveillance d'une enfance elle a été, à des époques nombreuses, l'ardente hygiène des races. Sa porte est ouverte à la misère. Là, la moralité des êtres actuels se décorpore en sa passion ou en son action. — Ô terrible frisson des amours novices, sur le sol sanglant et par l'hydrogène clarteux ! trouvez Hortense**.

MOUVEMENT*

LE mouvement de lacet sur la berge des chutes du fleuve,
Le gouffre à l'étambot**,
La célérité de la rampe,
L'énorme passade du courant
Mènent par les lumières inouïes
Et la nouveauté chimique
Les voyageurs entourés des trombes du val
Et du strom.

Ce sont les conquérants du monde
Cherchant la fortune chimique personnelle ;
Le sport et le comfort voyagent avec eux ;
Ils emmènent l'éducation
Des races, des classes et des bêtes, sur ce Vaisseau
Repos et vertige
A la lumière diluvienne,
Aux terribles soirs d'étude.

Car de la causerie parmi les appareils, — le sang,
     les fleurs, le feu, les bijoux —
Des comptes agités à ce bord fuyard,

— On voit, roulant comme une digue au delà de la
    route hydraulique motrice,
Monstrueux, s'éclairant sans fin, — leur stock d'études ;
Eux chassés dans l'extase harmonique,
Et l'héroïsme de la découverte.

Aux accidents atmosphériques les plus surprenants
Un couple de jeunesse s'isole sur l'arche,
— Est-ce ancienne sauvagerie qu'on pardonne ? —
Et chante et se poste.

DÉVOTION*

A MA sœur Louise Vanaen de Voringhem : — Sa cornette
bleue tournée à la mer du Nord. — Pour les naufragés.

A ma sœur Léonie Aubois d'Ashby**. Baou — l'herbe
d'été bourdonnante et puante. — Pour la fièvre des mères et
des enfants.

A Lulu, — démon — qui a conservé un goût pour les
oratoires du temps des Amies et de son éducation incom-
plète. Pour les hommes ! — A madame***.

A l'adolescent que je fus. A ce saint vieillard, ermitage ou
mission.

A l'esprit des pauvres. Et à un très haut clergé.

Aussi bien à tout culte en telle place de culte mémoriale
et parmi tels événements qu'il faille se rendre, suivant les
aspirations du moment ou bien notre propre vice sérieux,

Ce soir à Circeto des hautes glaces, grasse comme le pois-
son, et enluminée comme les dix mois de la nuit rouge, —
(son cœur ambre et spunck***), — pour ma seule prière
muette comme ces régions de nuit et précédant des bravou-
res plus violentes que ce chaos polaire.

A tout prix et avec tous les airs, même dans des voyages
métaphysiques. — Mais plus *alors*.

DÉMOCRATIE*

« L<small>E</small> drapeau va au paysage immonde, et notre patois étouffe le tambour.

« Aux centres nous alimenterons la plus cynique prostitution. Nous massacrerons les révoltes logiques.

« Aux pays poivrés et détrempés ! — au service des plus monstrueuses exploitations industrielles ou militaires.

« Au revoir ici, n'importe où. Conscrits du bon vouloir, nous aurons la philosophie féroce ; ignorants pour la science, roués pour le confort ; la crevaison pour le monde qui va. C'est la vraie marche. En avant, route ! »

FAIRY*

P<small>OUR</small> Hélène** se conjurèrent les sèves ornamentales dans les ombres vierges et les clartés impassibles dans le silence astral. L'ardeur de l'été fut confiée à des oiseaux muets et l'indolence requise à une barque de deuils sans prix par des anses d'amours morts et de parfums affaissés.

— Après le moment de l'air des bûcheronnes à la rumeur du torrent sous la ruine des bois, de la sonnerie des bestiaux à l'écho des vals, et des cris des steppes. —

Pour l'enfance d'Hélène frissonnèrent les fourrurs et les ombres — et le sein des pauvres, et les légendes du ciel.

Et ses yeux et sa danse supérieurs encore aux éclats précieux, aux influences froides, au plaisir du décor et de l'heure uniques.

GUERRE*

E<small>NFANT</small>, certains ciels ont affiné mon optique : tous les caractères nuancèrent ma physionomie. Les Phénomènes s'émurent**. — A présent, l'inflexion éternelle des moments et l'infini des mathématiques me chassent par ce monde où je subis tous les succès civils, respecté de l'enfance étrange et des affections énormes. — Je songe à une Guerre de droit ou de force, de logique bien imprévue.

C'est aussi simple qu'une phrase musicale.

JEUNESSE*

I

DIMANCHE

Les calculs de côté, l'inévitable descente du ciel et la visite des souvenirs et la séance des rhythmes occupent la demeure, la tête et le monde de l'esprit.

— Un cheval détale sur le turf suburbain, et le long des cultures et des boisements, percé par la peste carbonique. Une misérable femme de drame, quelque part dans le monde, soupire après des abandons improbables. Les desperadoes languissent après l'orage, l'ivresse et les blessures. De petits enfants étouffent des malédictions le long des rivières. —

Reprenons l'étude au bruit de l'œuvre dévorante qui se rassemble et remonte dans les masses.

II

SONNET**

Homme de constitution ordinaire, la chair
n'était-elle pas un fruit pendu dans le verger ; — o
journées enfantes ! — le corps un trésor à prodiguer ; — o
aimer, le péril ou la force de Psyché ? La terre
avait des versants fertiles en princes et en artistes

et la descendance et la race vous poussaient aux
crimes et aux deuils : le monde votre fortune et votre
péril. Mais à présent, ce labeur comblé, — toi, tes calculs,
— toi, tes impatiences — ne sont plus que votre danse et
votre voix, non fixées et point forcées, quoique d'un double
événement d'invention et de succès + une raison,
— en l'humanité fraternelle et discrète par l'univers,
sans images ; — la force et le droit réfléchissent la
danse et la voix à présent seulement appréciées.

III

VINGT ANS

Les voix instructives exilées.... L'ingénuité physique amè-
rement rassise.... — Adagio — Ah ! l'égoïsme infini de
l'adolescence, l'optimisme studieux : que le monde était
plein de fleurs cet été ! Les airs et les formes mourant.... —
Un chœur, pour calmer l'impuissance et l'absence ! Un
chœur de verres, de mélodies nocturnes.... En effet les nerfs
vont vite chasser.

IV

Tu en es encore à la tentation d'Antoine. L'ébat du zèle
écourté, les tics d'orgueil puéril, l'affaissement et l'effroi.

Mais tu te mettras à ce travail : toutes les possibilités
harmoniques et architecturales s'émouvront autour de ton
siège. Des êtres parfaits, imprévus, s'offriront à tes expérien-
ces. Dans tes environs affluera rêveusement la curiosité
d'anciennes foules et de luxes oisifs. Ta mémoire et tes sens
ne seront que la nourriture de ton impulsion créatrice.
Quant au monde, quand tu sortiras, que sera-t-il devenu ?
En tout cas, rien des apparences actuelles.

SOLDE*

A VENDRE ce que les Juifs n'ont pas vendu, ce que noblesse ni crime n'ont goûté, ce qu'ignorent l'amour maudit et la probité infernale des masses : ce que le temps ni la science n'ont pas à reconnaître :

Les Voix reconstituées ; l'éveil fraternel de toutes les énergies chorales et orchestrales et leurs applications instantanées ; l'occasion, unique, de dégager nos sens !

A vendre les Corps sans prix, hors de toute race, de tout monde, de tout sexe, de toute descendance ! Les richesses jaillissant à chaque démarche ! Solde de diamants sans contrôle !

A vendre l'anarchie pour les masses ; la satisfaction irrépressible pour les amateurs supérieurs ; la mort atroce pour les fidèles et les amants !

A vendre les habitations et les migrations, sports, féeries et conforts parfaits, et le bruit, le mouvement et l'avenir qu'ils font !

A vendre les applications de calcul et les sauts d'harmonie inouïs. Les trouvailles et les termes non soupçonnés, possession immédiate,

Élan insensé et infini aux splendeurs invisibles, aux délices insensibles, — et ses secrets affolants pour chaque vice — et sa gaîté effrayante pour la foule —

— A vendre les Corps, les voix, l'immense opulence inquestionable, ce qu'on ne vendra jamais. Les vendeurs ne sont pas à bout de solde ! Les voyageurs n'ont pas à rendre leur commission de si tôt !

GÉNIE*

IL est l'affection et le présent puisqu'il a fait la maison ouverte à l'hiver écumeux et à la rumeur de l'été, lui qui a purifié les boissons et les aliments, lui qui est le charme des lieux fuyants et le délice surhumain des stations. Il est l'affection et l'avenir, la force et l'amour que nous, debout dans les rages et les ennuis, nous voyons passer dans le ciel de tempête et les drapeaux d'extase.

Il est l'amour, mesure parfaite et réinventée, raison merveilleuse et imprévue, et l'éternité : machine aimée des qualités fatales. Nous avons tous eu l'épouvante de sa concession et de la nôtre : ô jouissance de notre santé, élan de nos facultés, affection égoïste et passion pour lui, lui qui nous aime pour sa vie infinie...

Et nous nous le rappelons et il voyage... Et si l'Adoration s'en va, sonne, sa promesse sonne : « Arrière ces superstitions, ces anciens corps, ces ménages et ces âges. C'est cette époque-ci qui a sombré ! »

Il ne s'en ira pas, il ne redescendra pas d'un ciel, il n'accomplira pas la rédemption des colères de femmes et des gaîtés des hommes et de tout ce péché : car c'est fait, lui étant, et étant aimé.

Ô ses souffles, ses têtes, ses courses ; la terrible célérité de la perfection des formes et de l'action.

Ô fécondité de l'esprit et immensité de l'univers !

Son corps ! Le dégagement rêvé, le brisement de la grâce croisée de violence nouvelle !

Sa vue, sa vue ! tous les agenouillages anciens et les peines *relevés* à sa suite.

Son jour ! l'abolition de toutes souffrances sonores et mouvantes dans la musique plus intense.

Son pas ! les migrations plus énormes que les anciennes invasions.

Ô lui et nous ! l'orgueil plus bienveillant que les charités perdues.

Ô monde ! et le chant clair des malheurs nouveaux !

Il nous a connus tous et nous a tous aimés. Sachons, cette nuit d'hiver, de cap en cap, du pôle tumultueux au château, de la foule à la plage, de regards en regards, forces et sentiments las, le héler et le voir, et le renvoyer, et sous les marées et au haut des déserts de neige, suivre ses vues, ses souffles, son corps, son jour.

APPENDICES

Nous proposons, pour clore ce volume, plusieurs textes importants de Rimbaud :

— les deux lettres dites « du voyant[1] », adressées respectivement à Georges Izambard et à Paul Demeny le 13 et le 15 mai 1871 ;

— *Les Déserts de l'amour*[2], deux proses qui datent certainement de 1872 et qui ont apparemment une forte charge autobiographique ;

— les *Proses dites « évangéliques »*[3] (elles sont inspirées par l'Évangile de saint Jean) qui relèvent de la parodie et qui mériteraient assurément le qualificatif de « contre-évangéliques » que propose Pierre Brunel[4] ;

— l'*Album Zutique* dont on doit la révélation à Pascal Pia[5]. Il s'agit de poèmes composés en 1871, lors de réunions entre poètes au Cercle Zutique, ainsi dénommé par Charles Cros. Les poètes transcrivaient sur un Album des pièces que

1. Voir l'excellente édition critique de ces lettres fournie par Gérard Schaeffer chez Droz-Minard en 1975.
2. Nous suivons le texte de Paul Hartmann d'après l'autographe de la collection Barthou.
3. Autographes de la collection Matarasso.
4. « Rimbaud réécrit l'Évangile » dans *Le Mythe d'Etiemble*, Didier, Erudition, 1979.
5. Publié d'abord dans *L'Arbalète* en 1943, puis au Cercle du livre précieux (2 volumes) en 1961.

Verlaine qualifiera d'« assez fortes en gueule » et qui, sous la plume de Rimbaud, parodiaient des poètes comme Coppée, Verlaine, Dierx, Ratisbonne. Les initiales du véritable auteur figuraient à côté des pseudo-signatures. Ces parodies ne sont pas seulement des curiosités, elles s'inscrivent parfaitement dans la démarche poétique rimbaldienne ;

— les *Stupra* qui rassemblent trois sonnets publiés pour la première fois en 1923 (le *Sonnet du trou du cul* est d'ailleurs extrait de l'*Album Zutique*). L'obscénité y joue le rôle d'aiguillon poétique, et ce serait trahir Rimbaud que d'occulter cette veine.

LETTRES DITES DU VOYANT

A GEORGES IZAMBARD

Charleville, [13] mai 1871.

Cher Monsieur !

Vous revoilà professeur. On se doit à la Société, m'avez-vous dit ; vous faites partie des corps enseignants : vous roulez dans la bonne ornière. — Moi aussi, je suis le principe : je me fais cyniquement *entretenir* ; je déterre d'anciens imbéciles de collège : tout ce que je puis inventer de bête, de sale, de mauvais, en action et en parole, je le leur livre : on me paie en bocks et en filles. Stat mater dolorosa, dum pendet filius. — Je me dois à la Société, c'est juste, — et j'ai raison. — Vous aussi, vous avez raison, pour aujourd'hui. Au fond, vous ne voyez en votre principe que poésie subjective : votre obstination à regagner le râtelier universitaire, — pardon ! — le prouve ! Mais vous finirez toujours comme un satisfait qui n'a rien fait, n'ayant rien voulu faire. Sans compter que votre poésie subjective sera toujours horriblement fadasse. Un jour, j'espère, — bien d'autres espèrent la même chose, — je verrai dans votre principe la poésie objective, je la verrai plus sincèrement que vous ne le feriez ! — Je serai un travailleur : c'est l'idée qui me retient, quand les colères folles me poussent vers la bataille de Paris — où tant de travailleurs meurent pourtant encore tandis que je vous écris ! Travailler maintenant, jamais, jamais ; je suis en grève.

Maintenant, je m'encrapule le plus possible. Pourquoi ? Je veux être poète, et je travaille à me rendre *voyant* : vous ne comprendrez pas du tout, et je ne saurais presque vous expliquer. Il s'agit d'arriver à l'inconnu par le dérèglement de *tous les sens*. Les souffrances sont énormes, mais il faut être fort, être né poète, et je me suis reconnu poète. Ce n'est pas du tout ma faute. C'est faux de dire : Je pense : on devrait dire : On me pense. — Pardon du jeu de mots. —

Je est un autre. Tant pis pour le bois qui se trouve violon, et Nargue aux inconscients, qui ergotent sur ce qu'ils ignorent tout à fait !

Vous n'êtes pas Enseignant pour moi. Je vous donne ceci : est-ce de la satire, comme vous diriez ? Est-ce de la poésie ? C'est de la fantaisie, toujours. — Mais, je vous en supplie, ne soulignez ni du crayon, ni — trop — de la pensée :

LE CŒUR SUPPLICIÉ

> Mon triste cœur bave à la poupe
> etc. ....

Ça ne veut rien dire. — Répondez-moi : chez M. Deverrière, pour A. R.

Bonjour de cœur,

Art. Rimbaud.

A PAUL DEMENY

à Douai.

Charleville, 15 mai 1871.

J'ai résolu de vous donner une heure de littérature nouvelle. Je commence de suite par un psaume d'actualité :

CHANT DE GUERRE PARISIEN

Le Printemps est évident, car...
etc. ....

A. RIMBAUD.

— Voici de la prose sur l'avenir de la poésie — Toute poésie antique aboutit à la poésie grecque ; Vie harmonieuse. — De la Grèce au mouvement romantique, — moyen-âge, — il y a des lettrés, des versificateurs. D'Ennius à Théroldus, de Théroldus à Casimir Delavigne, tout est prose rimée, un jeu, avachissement et gloire d'innombrables générations idiotes : Racine est le pur, le fort, le grand. — On eût soufflé sur ses rimes, brouillé ses hémistiches, que le Divin Sot serait aujourd'hui aussi ignoré que le premier venu auteur d'Origines. — Après Racine, le jeu moisit. Il a duré deux mille ans !

Ni plaisanterie, ni paradoxe. La raison m'inspire plus de certitudes sur le sujet que n'aurait jamais eu de colères un jeune-France. Du reste, libres aux *nouveaux !* d'exécrer les ancêtres : on est chez soi et l'on a le temps.

On n'a jamais bien jugé le romantisme ; qui l'aurait jugé ? les critiques !! Les romantiques, qui prouvent si bien que la chanson est si peu souvent l'œuvre, c'est-à-dire la pensée chantée *et comprise* du chanteur ?

Car Je est un autre. Si le cuivre s'éveille clairon, il n'y a rien de sa faute. Cela m'est évident : j'assiste à l'éclosion de ma pensée : je la regarde, je l'écoute : je lance un coup d'archet : la symphonie fait son remuement dans les profondeurs, ou vient d'un bond sur la scène.

Si les vieux imbéciles n'avaient pas trouvé du Moi que la signification fausse, nous n'aurions pas à balayer ces millions de squelettes qui, depuis un temps infini !, ont accumulé les produits de leur intelligence borgnesse, en s'en clamant les auteurs !

En Grèce, ai-je dit, vers et lyres *rhythment l'Action*. Après, musique et rimes sont jeux, délassements. L'étude de ce passé charme les curieux : plusieurs s'éjouissent à renouveler ces antiquités : — c'est pour eux. L'intelligence universelle a toujours jeté ses idées, naturellement ; les hommes ramassaient une partie de ces fruits du cerveau : on agissait par, on en écrivait des livres : telle allait la marche, l'homme ne se travaillant pas, n'étant pas encore éveillé, ou pas encore dans la plénitude du grand songe. Des fonctionnaires, des écrivains : auteur, créateur, poète, cet homme n'a jamais existé !

La première étude de l'homme qui veut être poète est sa propre connaissance, entière ; il cherche son âme, il l'inspecte, il la tente, l'apprend. Dès qu'il la sait, il doit la cultiver ; cela semble simple : en tout cerveau s'accomplit un développement naturel ; tant d'*égoïstes* se proclament auteurs ; il en est bien d'autres qui s'attribuent leur progrès intellectuel ! — Mais il s'agit de faire l'âme monstrueuse : à l'instar des comprachicos, quoi ! Imaginez un homme s'implantant et se cultivant des verrues sur le visage.

Je dis qu'il faut être *voyant*, se faire *voyant*.

Le Poète se fait *voyant* par un long, immense et raisonné *dérèglement* de *tous les sens*. Toutes les formes d'amour, de souffrance, de folie ; il cherche lui-même, il épuise en lui tous les poisons, pour n'en garder que les quintessences. Ineffable torture où il a besoin de toute la foi, de toute la force surhumaine, où il devient entre tous le grand malade, le grand criminel, le grand maudit, — et le suprême Savant ! — Car il arrive à l'*inconnu* ! Puisqu'il a cultivé son âme, déjà riche, plus qu'aucun ! Il arrive à l'*inconnu*, et quand, affolé, il finirait par perdre l'intelligence de ses visions, il les a vues ! Qu'il crève dans son bondissement par les choses inouïes et innombrables : viendront d'autres horribles travailleurs ; ils commenceront par les horizons où l'autre s'est affaissé !

　　　　　　— la suite à six minutes —

Ici j'intercale un second psaume, *hors du texte* : veuillez tendre une oreille complaisante, — et tout le monde sera charmé. — J'ai l'archet en main, je commence :

Mes petites amoureuses

Un hydrolat lacrymal lave
etc. ....

A. R.

Voilà. Et remarquez bien que, si je ne craignais de vous faire débourser plus de 60 c. de port, — moi pauvre effaré qui, depuis sept mois, n'ai pas tenu un seul rond de bronze ! — je vous livrerais encore mes Amants de Paris, cent hexamètres, Monsieur, et ma Mort de Paris, deux cents hexamètres ! — Je reprends :

Donc le poète est vraiment voleur de feu.

Il est chargé de l'humanité, des *animaux* même ; il devra faire sentir, palper, écouter ses inventions ; si ce qu'il rapporte *de là-bas* a forme, il donne forme : si c'est informe, il donne de l'informe. Trouver une langue ;

— Du reste, toute parole étant idée, le temps d'un langage universel viendra ! Il faut être académicien, — plus mort qu'un fossile, — pour parfaire un dictionnaire, de quelque langue que ce soit. Des faibles se mettraient à *penser* sur la première lettre de l'alphabet, qui pourraient vite ruer dans la folie ! —

Cette langue sera de l'âme pour l'âme, résumant tout, parfums, sons, couleurs, de la pensée accrochant la pensée et tirant. Le poète définirait la quantité d'inconnu s'éveillant en son temps dans l'âme universelle : il donnerait plus — que la formule de sa pensée, que la notation de *sa marche au Progrès* ! Énormité devenant norme, absorbée par tous, il serait vraiment *un multiplicateur de progrès* !

Cet avenir sera matérialiste, vous le voyez ; — Toujours pleins du *Nombre* et de l'*Harmonie* ces poèmes seront faits pour rester. — Au fond, ce serait encore un peu la Poésie grecque. L'art éternel aurait ses fonctions ; comme les poètes sont citoyens. La Poésie ne rhythmera plus l'action ; elle *sera en avant*.

Ces poètes seront ! Quand sera brisé l'infini servage de la femme, quand elle vivra pour elle et par elle, l'homme,

jusqu'ici abominable, — lui ayant donné son renvoi, elle
sera poète, elle aussi ! La femme trouvera de l'inconnu ! Ses
mondes d'idées différeront-ils des nôtres ? — Elle trouvera
des choses étranges, insondables, repoussantes, délicieuses ;
nous les prendrons, nous les comprendrons.

En attendant, demandons aux *poètes* du *nouveau*, — idées
et formes. Tous les habiles croiraient bientôt avoir satisfait
à cette demande. — Ce n'est pas cela !

Les premiers romantiques ont été *voyants* sans trop bien
s'en rendre compte : la culture de leurs âmes s'est commen-
cée aux accidents : locomotives abandonnées, mais brûlan-
tes, que prennent quelque temps les rails. — Lamartine est
quelquefois voyant, mais étranglé par la forme vieille. —
Hugo, *trop cabochard*, a bien du *vu* dans les derniers volumes : *Les Misérables* sont un vrai poème. J'ai *Les Châti-
ments* sous la main ; *Stella* donne à peu près la mesure de la
vue de Hugo. Trop de Belmontet et de Lammenais, de Jého-
vahs et de colonnes, vieilles énormités crevées.

Musset est quatorze fois exécrable pour nous, générations
douloureuses et prises de visions, — que sa paresse d'ange a
insultées ! Ô ! les contes et les proverbes fadasses ! Ô les
nuits ! Ô *Rolla*, ô *Namouna*, ô *la Coupe !* Tout est français,
c'est-à-dire haïssable au suprême degré ; français, pas parisien ! Encore une œuvre de cet odieux génie qui a inspiré
Rabelais, Voltaire, Jean La Fontaine, ! commenté par
M. Taine ! Printanier, l'esprit de Musset ! Charmant, son
amour ! En voilà, de la peinture à l'émail, de la poésie
solide ! On savourera longtemps la poésie *française*, mais en
France. Tout garçon épicier est en mesure de débobiner une
apostrophe Rollaque, tout séminariste en porte les cinq
cents rimes dans le secret d'un carnet. A quinze ans, ces
élans de passion mettent les jeunes en rut ; à seize ans, ils se
contentent déjà de les réciter avec *cœur* ; à dix-huit ans, à
dix-sept même, tout collégien qui a le moyen, fait le Rolla,
écrit un Rolla ! Quelques-uns en meurent peut-être encore.
Musset n'a rien su faire : il y avait des visions derrière la
gaze des rideaux : il a fermé les yeux. Français, panadif,
traîné de l'estaminet au pupitre de collège, le beau mort est

mort, et, désormais, ne nous donnons même plus la peine de le réveiller par nos abominations !

Les seconds romantiques sont très *voyants* : Th. Gautier, Lec. de Lisle, Th. de Banville. Mais inspecter l'invisible et entendre l'inouï étant autre chose que reprendre l'esprit des choses mortes, Baudelaire est le premier voyant, roi des poètes, *un vrai Dieu*. Encore a-t-il vécu dans un milieu trop artiste ; et la forme si vantée en lui est mesquine : les inventions d'inconnu réclament des formes nouvelles.

Rompue aux formes vieilles, parmi les innocents, A. Renaud, — a fait son Rolla, — L. Grandet, — a fait son Rolla ; — les gaulois et les Musset, G. Lafenestre, Coran, Cl. Popelin, Soulary, L. Salles ; les écoliers, Marc, Aicard, Theuriet ; les morts et les imbéciles, Autran, Barbier, L. Pichat, Lemoyne, les Deschamps, les Desessarts ; les journalistes, L. Cladel, Robert Luzarches, X. de Ricard ; les fantaisistes, C. Mendès ; les bohèmes ; les femmes ; les talents, Léon Dierx, Sully-Prudhomme, Coppée, — la nouvelle école, dite parnassienne, a deux voyants, Albert Mérat et Paul Verlaine, un vrai poète. — Voilà. — Ainsi je travaille à me rendre *voyant*. — Et finissons par un chant pieux.

ACCROUPISSEMENTS

Bien tard, quand il se sent l'estomac écœuré,
etc. ....

Vous seriez exécrable de ne pas répondre : vite car dans huit jours je serai à Paris, peut-être.

Au revoir. A. Rimbaud.

LES DÉSERTS DE L'AMOUR

Avertissement

Ces écritures-ci sont d'un jeune, tout jeune *homme*, dont la vie s'est développée n'importe où ; sans mère, sans pays, insoucieux de tout ce qu'on connaît, fuyant toute force morale, comme furent déjà plusieurs pitoyables jeunes hommes. Mais, lui, si ennuyé et si troublé, qu'il ne fit que s'amener à la mort comme à une pudeur terrible et fatale. N'ayant pas aimé de femmes, — quoique plein de sang ! — il eut son âme et son cœur, toute sa force, élevés en des erreurs étranges et tristes. Des rêves suivants, — ses amours ! — qui lui vinrent dans ses lits ou dans les rues, et de leur suite et de leur fin, de douces considérations religieuses se dégagent. Peut-être se rappellera-t-on le sommeil continu des Mahométans légendaires, — braves pourtant et circoncis ! Mais, cette bizarre souffrance possédant une autorité inquiétante, il faut sincèrement désirer que cette Ame, égarée parmi nous tous, et qui veut la mort, ce semble, rencontre en cet instant-là des consolations sérieuses et soit digne !

A. Rimbaud.

C'est, certes, la même campagne. La même maison rustique de mes parents : la salle même où les dessus de portes sont des bergeries roussies, avec des armes et des lions. Au dîner, il y a un salon avec des bougies et des vins et des boiseries rustiques. La table à manger est très grande. Les servantes ! elles étaient plusieurs, autant que je m'en suis souvenu. — Il y avait là un de mes jeunes amis anciens, prêtre et vêtu en prêtre ; maintenant : c'était pour être plus libre. Je me souviens de sa chambre de pourpre, à vitres de papier jaune : et ses livres, cachés, qui avaient trempé dans l'océan !

Moi, j'étais abandonné, dans cette maison de campagne sans fin : lisant dans la cuisine, séchant la boue de mes habits devant les hôtes, aux conversations du salon : ému jusqu'à la mort par le murmure du lait du matin et de la nuit du siècle dernier.

J'étais dans une chambre très sombre : que faisais-je ? Une servante vint près de moi : je puis dire que c'était un petit chien : quoiqu'elle fût belle, et d'une noblesse maternelle inexprimable pour moi : pure, connue, toute charmante ! Elle me pinça le bras.

Je ne me rappelle même plus bien sa figure : ce n'est pas pour me rappeler son bras, dont je roulai la peau dans mes deux doigts ; ni sa bouche, que la mienne saisit comme une petite vague désespérée, minant sans fin quelque chose. Je la renversai dans une corbeille de coussins et de toiles de navire, en un coin noir. Je ne me rappelle plus que son pantalon à dentelles blanches.

Puis, ô désespoir, la cloison devint vaguement l'ombre des arbres, et je me suis abîmé sous la tristesse amoureuse de la nuit.

CETTE fois, c'est la Femme que j'ai vue dans la Ville, et à qui j'ai parlé et qui me parle.

J'étais dans une chambre, sans lumière. On vint me dire qu'elle était chez moi : et je la vis dans mon lit, toute à moi, sans lumière ! Je fus très ému, et beaucoup parce que c'était la maison de famille : aussi une détresse me prit ! J'étais en haillons, moi, et elle, mondaine qui se donnait : il lui fallait s'en aller ! Une détresse sans nom : je la pris, et la laissai tomber hors du lit, presque nue ; et, dans ma faiblesse indicible, je tombai sur elle et me traînai avec elle parmi les tapis, sans lumière. La lampe de la famille rougissait l'une après l'autre les chambres voisines. Alors, la femme disparut. Je versai plus de larmes que Dieu n'en a pu jamais demander.

Je sortis dans la ville sans fin. Ô fatigue ! Noyé dans la nuit sourde et dans la fuite du bonheur. C'était comme une nuit d'hiver, avec une neige pour étouffer le monde décidément. Les amis, auxquels je criais : où reste-t-elle, répondaient faussement. Je fus devant les vitrages de là où elle va tous les soirs : je courais dans un jardin enseveli. On m'a repoussé. Je pleurais énormément, à tout cela. Enfin, je suis descendu dans un lieu plein de poussière, et, assis sur des charpentes, j'ai laissé finir toutes les larmes de mon corps avec cette nuit. — Et mon épuisement me revenait pourtant toujours.

J'ai compris qu'elle était à sa vie de tous les jours ; et que le tour de bonté serait plus long à se reproduire qu'une étoile. Elle n'est pas revenue, et ne reviendra jamais, l'Adorable qui s'était rendue chez moi, — ce que je n'aurais jamais présumé. Vrai, cette fois j'ai pleuré plus que tous les enfants du monde.

PROSES «ÉVANGÉLIQUES»

A Samarie, plusieurs ont manifesté leur foi en lui. Il ne les a pas vus. Samarie s'enorgueillissait la parvenue, la perfide, l'égoïste, plus rigide observatrice de sa loi protestante que Juda des tables antiques. Là la richesse universelle permettait bien peu de discussion éclairée. Le sophisme, esclave et soldat de la routine, y avait déjà après les avoir flattés, égorgé plusieurs prophètes.

C'était un mot sinistre, celui de la femme à la fontaine : « Vous êtes prophète, vous savez ce que j'ai fait. »

Les femmes et les hommes croyaient aux prophètes. Maintenant on croit à l'homme d'état.

A deux pas de la ville étrangère, incapable de la menacer matériellement, s'il était pris comme prophète, puisqu'il s'était montré là si bizarre, qu'aurait-il fait ?

Jésus n'a rien pu dire à Samarie.

*

L'air léger et charmant de la Galilée : les habitants le reçurent avec une joie curieuse : ils l'avaient vu, secoué par la sainte colère, fouetter les changeurs et les marchands de gibier du temple. Miracle de la jeunesse pâle et furieuse, croyaient-ils.

Il sentit sa main aux mains chargés de bagues et à la bouche d'un officier. L'officier était à genoux dans la

poudre : et sa tête était assez plaisante, quoique à demi
chauve.

Les voitures filaient dans les étroites rues de la ville ; un
mouvement, assez fort pour ce bourg ; tout semblait devoir
être trop content ce soir-là.

Jésus retira sa main : il eut un mouvement d'orgueil
enfantin et féminin. « Vous autres, si vous ne voyez point
des miracles, vous ne croyez point. »

Jésus n'avait point encor fait de miracles. Il avait, dans
une noce, dans une salle à manger verte et rose, parlé un
peu hautement à la Sainte Vierge. Et personne n'avait parlé
du vin de Cana à Capharnaum, ni sur le marché, ni sur les
quais. Les bourgeois peut-être.

Jésus dit : « Allez, votre fils se porte bien. » L'officier s'en
alla, comme on porte quelque pharmacie légère, et Jésus
continua par les rues moins fréquentées. Des liserons orange, des bourraches montraient leur lueur magique entre les
pavés. Enfin il vit au loin la prairie poussiéreuse, et les
boutons d'or et les marguerites demandant grâce au jour.

*

Bethsaïda, la piscine des cinq galeries, était un point d'ennui. Il semblait que ce fût un sinistre lavoir, toujours accablé de la pluie et noir ; et les mendiants s'agitant sur les
marches intérieures ; — blêmies par ces lueurs d'orages pré-
curseurs des éclairs d'enfer, en plaisantant sur leurs yeux
bleus aveugles, sur les linges blancs ou bleus dont s'entouraient leurs moignons. Ô buanderie militaire, ô bain popu-
laire. L'eau était toujours noire, et nul infirme n'y tombait
même en songe.

C'est là que Jésus fit la première action grave ; avec les
infâmes infirmes. Il y avait un jour, de février, mars ou
avril, où le soleil de deux heures après midi, laissait s'étaler
une grande faux de lumière sur l'eau ensevelie, et comme,
là-bas, loin derrière les infirmes, j'aurais pu voir tout ce que
ce rayon seul éveillait de bourgeons et de cristaux et de vers,
dans le reflet, pareil à un ange blanc couché sur le côté, tous
les reflets infiniment pâles remuaient.

Alors tous les péchés, fils légers et tenaces du démon, qui pour les cœurs un peu sensibles, rendaient ces hommes plus effrayants que les monstres, voulaient se jeter à cette eau. Les infirmes descendaient, ne raillant plus ; mais avec envie.

Les premiers entrés sortaient guéris, disait-on. Non. Les péchés les rejetaient sur les marches, et les forçaient de chercher d'autres postes : car leur Démon ne peut rester qu'aux lieux où l'aumône est sûre.

Jésus entra aussitôt après l'heure de midi. Personne ne lavait ni ne descendait de bêtes. La lumière dans la piscine était jaune comme les dernières feuilles des vignes. Le divin maître se tenait contre une colonne : il regardait les fils du Péché ; le démon tirait sa langue en leur langue ; et riait ou niait.

Le Paralytique se leva, qui était resté couché sur le flanc, franchit la galerie et ce fut d'un pas singulièrement assuré qu'ils le virent franchir la galerie et disparaître dans la ville, les Damnés.

ALBUM ZUTIQUE

CONNERIES

I JEUNE GOINFRE

Casquette
De moire,
Quéquette
D'ivoire,

Toilette
Très noire
Paul guette
L'armoire,

Projette
Languette
Sur poire,

S'apprête,
Baguette,
Et foire.

A. R.

II PARIS

A L. Godillot, Gambier,
Galopeau, Wolf-Pleyel,
— Ô Robinets ! — Menier,
— Ô Christs ! — Leperdriel !

Kinck, Jacob, Bonbonnel !
Veuillot, Tropmann, Augier !
Gill, Mendès, Manuel,
Guido Gonin ! — Panier

Des Grâces ! L'Hérissé !
Cirages onctueux !
Pains vieux, spiritueux !

Aveugles ! — puis, qui sait ? —
Sergents de ville, Enghiens
Chez soi ! — Soyons chrétiens !

A. R.

CONNERIES 2ᵉ série

I COCHER IVRE

Pouacre
Boit :
Nacre
Voit :

Acre
Loi,
Fiacre
Choit !

Femme
Tombe,
Lombe

Saigne :
— Clame !
Geigne.

A. R.

VIEUX DE LA VIEILLE

Aux paysans de l'empereur !
A l'empereur des paysans !
Au fils de Mars,
Au glorieux 18 mars !
Où le ciel d'Eugénie a béni les entrailles !

LES LÈVRES CLOSES

VU A ROME

Il est, à Rome, à la Sixtine,
Couverte d'emblèmes chrétiens,
Une cassette écarlatine
Où sèchent des nez fort anciens :

Nez d'ascètes de Thébaïde,
Nez de chanoines du Saint Graal
Où se figea la nuit livide,
Et l'ancien plain-chant sépulcral.

Dans leur sécheresse mystique,
Tous les matins, on introduit

De l'immondice schismatique
Qu'en poudre fine on a réduit.

LÉON DIERX.
A. R.

FÊTE GALANTE

Rêveur, Scapin
Gratte un lapin
Sous sa capote.

Colombina
— Que l'on pina ! —
— Do, mi, — tapote

L'œil du lapin
Qui tôt, tapin,
Est en ribote...

PAUL VERLAINE.
A. R.

L'ANGELOT MAUDIT

Toits bleuâtres et portes blanches
Comme en de nocturnes dimanches,

Au bout de la ville sans bruit
La Rue est blanche, et c'est la nuit.

La Rue a des maisons étranges
Avec des persiennes d'Anges.

Mais, vers une borne, voici
Accourir, mauvais et transi,

Un noir Angelot qui titube,
Ayant trop mangé de jujube.

Il fait caca : puis disparaît :
Mais son caca maudit paraît,

Sous la lune sainte qui vaque,
De sang sale un léger cloaque !

Louis Ratisbonne.
A. Rimbaud.

LYS

Ô balançoirs ! ô lys ! Clysopompes d'argent !
Dédaigneux des travaux, dédaigneux des famines !
L'Aurore vous emplit d'un amour détergent !
Une douceur de ciel beurre vos étamines !

Armand Silvestre.
A. R.

L'Humanité chaussait le vaste enfant Progrès.

Louis-Xavier de Ricard.
A. R.

LES REMEMBRANCES DU VIEILLARD IDIOT

Pardon, mon père !
　　　　　Jeune, aux foires de campagne,
Je cherchais, non le tir banal où tout coup gagne,
Mais l'endroit plein de cris où les ânes, le flanc

Fatigué, déployaient ce long tube sanglant
Que je ne comprends pas encore !...

                    Et puis ma mère,
Dont la chemise avait une senteur amère
Quoique fripée au bas et jaune comme un fruit,
Ma mère qui montait au lit avec un bruit
— Fils du travail pourtant, — ma mère, avec sa cuisse
De femme mûre, avec ses reins très gros où plisse
Le linge, me donna ces chaleurs que l'on tait !...

Une honte plus crue et plus calme, c'était
Quand ma petite sœur, au retour de la classe,
Ayant usé longtemps ses sabots sur la glace,
Pissait, et regardait s'échapper de sa lèvre
D'en bas, serrée et rose, un fil d'urine mièvre !...

Ô pardon !
           Je songeais à mon père parfois :
Le soir, le jeu de cartes et les mots plus grivois,
Le voisin, et moi qu'on écartait, choses vues...
— Car un père est troublant ! — et les choses conçues !...
Son genou, câlineur parfois ; son pantalon
Dont mon doigt désirait ouvrir la fente... — oh ! non ! —
Pour avoir le bout, gros, noir et dur, de mon père,
Dont la pileuse main me berçait !...

                         Je veux taire
Le pot, l'assiette à manche, entrevue au grenier,
Les almanachs couverts en rouge, et le panier
De charpie, et la Bible, et les lieux, et la bonne,
La Sainte-Vierge et le crucifix...

                      Oh ! personne
Ne fut si fréquemment troublé, comme étonné !
Et maintenant, que le pardon me soit donné :
Puisque les sens infects m'ont mis de leurs victimes,
Je me confesse de l'aveu des jeunes crimes !...

. . . .

Puis ! — qu'il me soit permis de parler au Seigneur ! —
Pourquoi la puberté tardive et le malheur

Du gland tenace et trop consulté ? Pourquoi l'ombre
Si lente au bas du ventre ? et ces terreurs sans nombre
Comblant toujours la joie ainsi qu'un gravier noir ?

— Moi j'ai toujours été stupéfait ! Quoi savoir ?
. . . .
Pardonné ?...
               Reprenez la chancelière bleue,
Mon père.
        Ô cette enfance ! . . . .
. . . .
. . . . — et tirons-nous la queue !.

FRANÇOIS COPPÉE.
A. R.

VIEUX COPPÉES

Les soirs d'été, sous l'œil ardent des devantures,
Quand la sève frémit sous les grilles obscures
Irradiant au pied des grêles marronniers,
Hors de ces groupes noirs, joyeux ou casaniers,
Suceurs du brûle-gueule ou baiseurs de cigare,
Dans le kiosque mi-pierre étroit où je m'égare,
— Tandis qu'en haut rougeoie une annonce d'*Ibled*, —
Je songe que l'hiver figera le Tibet
D'eau propre qui bruit, apaisant l'onde humaine,
— Et que l'âpre aquilon n'épargne aucune veine.

FRANÇOIS COPPÉE.
A. RIMBAUD.

AUX livres de chevet, livres de l'art serein,
Obermann et Genlis, *Vert-Vert* et le *Lutrin*,
Blasé de nouveauté grisâtre et saugrenue,

J'espère, la vieillesse étant enfin venue,
Ajouter le traité du Docteur Venetti.
Je saurai, revenu du public abêti,
Goûter le charme ancien des dessins nécessaires.
Écrivain et graveur ont doré les misères
Sexuelles, et c'est, n'est-ce pas, cordial :
Dr Venetti, *Traité de l'Amour conjugal.*

F. Coppée.
A. R.

J'occupais un wagon de troisième : un vieux prêtre
Sortit un brûle-gueule et mit à la fenêtre,
Vers les brises, son front très calme aux poils pâlis.
Puis ce chrétien, bravant les brocards impolis,
S'étant tourné, me fit la demande énergique
Et triste en même temps d'une petite chique
De caporal, — ayant été l'aumônier-chef
D'un rejeton royal condamné derechef ; —
Pour malaxer l'ennui d'un tunnel, sombre veine
Qui s'offre aux voyageurs, près Soissons, ville d'Aisne.

Je préfère sans doute, au printemps, la guinguette
Où des marronniers nains bourgeonne la baguette,
Vers la prairie étroite et communale, au mois
De mai. Des jeunes chiens rabroués bien des fois
Viennent près des Buveurs triturer des jacinthes
De plate-bande. Et c'est, jusqu'aux soirs d'hyacinthe,
Sur la table d'ardoise où, l'an dix-sept cent vingt,
Un diacre grava son sobriquet latin
Maigre comme une prose à des vitraux d'église,
La toux des flacons noirs qui jamais ne les grise.

François Coppée.
A. R.

ÉTAT DE SIÈGE ?

Le pauvre postillon, sous le dais de fer blanc,
Chauffant une engelure énorme sous son gant,
Suit son lourd omnibus parmi la rive gauche
Et de son aine en flamme écarte la sacoche.
Et, tandis que, douce ombre où des gendarmes sont,
L'honnête intérieur regarde au ciel profond
La lune se bercer parmi la verte ouate,
Malgré l'édit et l'heure encore délicate,
Et que l'omnibus rentre à l'Odéon, impur
Le débauché glapit au carrefour obscur !

FRANÇOIS COPPÉE.
A. R.

RESSOUVENIR

Cette année où naquit le Prince impérial
Me laisse un souvenir largement cordial
D'un Paris limpide où des N d'or et de neige
Aux grilles du palais, aux gradins du manège,
Éclatent, tricolorement enrubannés.
Dans le remous public des grands chapeaux fanés,
Des chauds gilets à fleurs, des vieilles redingotes,
Et des chants d'ouvriers anciens dans les gargotes,
Sur des châles jonchés l'Empereur marche, noir
Et propre, avec la Sainte Espagnole, le soir.

FRANÇOIS COPPÉE.

LE BALAI

C'est un humble balai de chiendent, trop dur
Pour une chambre ou pour la peinture d'un mur.

L'usage en est navrant et ne vaut pas qu'on rie.
Racine prise à quelque ancienne prairie
Son crin inerte sèche : et son manche a blanchi,
Tel qu'un bois d'île à la canicule rougi.
La cordelette semble une tresse gelée.
J'aime de cet objet la saveur désolée
Et j'en voudrais laver tes larges bords de lait,
Ô Lune où l'esprit de nos Sœurs mortes se plaît.

F. C.

EXIL

. . . .

Que l'on s'intéressa souvent, mon cher Conneau !...
Plus qu'à l'oncle vainqueur, au Petit Ramponneau !...
Que tout honnête instinct sort du Peuple débile !...
Hélas ! Et qui a fait mal tourner notre bile !...
Et qu'il nous sied déjà de pousser le verrou
Au vent que les enfants nomment Bari-Barou !...

. . . .

Fragment d'une épître en vers de Napoléon III (1871).

HYPOTYPOSES SATURNIENNES,
EX-BELMONTET

Quel est donc ce mystère impénétrable et sombre ?
Pourquoi, sans projeter leur voile blanche, sombre
       Tout jeune esquif royal gréé ?

Renversons la douleur de nos lacrymatoires —

. . . .

       L'amour veut vivre aux dépens de sa sœur,
       L'amitié vit aux dépens de son frère.

. . . .

Le sceptre, qu'à peine on révère,

N'est que la croix d'un grand calvaire
Sur le volcan des nations !

. . . .

Oh ! l'honneur ruisselait sur ta mâle moustache.

BELMONTET
archétype Parnassien.

LES STUPRA

Les anciens animaux saillissaient, même en course,
Avec des glands bardés de sang et d'excrément.
Nos pères étalaient leur membre fièrement
Par le pli de la gaine et le grain de la bourse.

Au moyen âge pour la femelle, ange ou pource,
Il fallait un gaillard de solide grément ;
Même un Kléber, d'après la culotte qui ment
Peut-être un peu, n'a pas dû manquer de ressource.

D'ailleurs l'homme au plus fier mammifère est égal ;
L'énormité de leur membre à tort nous étonne ;
Mais une heure stérile a sonné : le cheval

Et le bœuf ont bridé leurs ardeurs, et personne
N'osera plus dresser son orgueil génital
Dans les bosquets où grouille une enfance bouffonne.

Nos fesses ne sont pas les leurs. Souvent j'ai vu
Des gens déboutonnés derrière quelque haie,
Et, dans ces bains sans gêne où l'enfance s'égaie,
J'observais le plan et l'effet de notre cul.

Plus ferme, blême en bien des cas, il est pourvu
De méplats évidents que tapisse la claie

Des poils ; pour elles, c'est seulement dans la raie
Charmante que fleurit le long satin touffu.

Une ingéniosité touchante et merveilleuse
Comme l'on ne voit qu'aux anges des saints tableaux
Imite la joue où le sourire se creuse.

Oh ! de même être nus, chercher joie et repos,
Le front tourné vers sa portion glorieuse,
Et libres tous les deux murmurer des sanglots ?

L'IDOLE

SONNET DU TROU DU CUL

Obscur et froncé comme un œillet violet
Il respire, humblement tapi parmi la mousse
Humide encor d'amour qui suit la fuite douce
Des Fesses blanches jusqu'au cœur de son ourlet.

Des filaments pareils à des larmes de lait
Ont pleuré sous le vent cruel qui les repousse,
A travers de petits caillots de marne rousse
Pour s'aller perdre où la pente les appelait.

Mon Rêve s'aboucha souvent à sa ventouse ;
Mon âme, du coït matériel jalouse,
En fit son larmier fauve et son nid de sanglots.

C'est l'olive pâmée, et la flûte câline,
C'est le tube où descend la céleste praline :
Chanaan féminin dans les moiteurs enclos !

                                        Albert Mérat.
                                        P. V.-A. R.

Commentaires
par
Daniel Leuwers

Originalité de l'œuvre

L'œuvre d'Arthur Rimbaud peut être ressentie à la fois comme attachante et surprenante.

La virtuosité du jeune poète — celui des premières *Poésies* — s'assortit de fougue parodique, de goût du pastiche et de penchants scatologiques. Rimbaud a des cibles bien précises : la sottise bourgeoise, la niaiserie féminine, le christianisme menteur, en même temps que des enthousiasmes affirmés (notamment pour la Commune). Mais le véritable Rimbaud commence à naître pleinement dans ce qu'il est convenu d'appeler ses « derniers vers ». Ses poèmes quittent alors brusquement les sphères référentielles pour s'aventurer sur des terrains où le langage assume sa propre aventure. Dans *Une saison en enfer*, on retrouve le ton de répudiation vindicative qui marquait nombre des premières *Poésies*, mais cette répudiation se fait surtout à l'encontre des « derniers vers » et de l'esthétique qui les sous-tendait. Il n'empêche que cette esthétique resurgit, modifiée, épurée, dépassée, dans ce qui constitue le sommet et l'aboutissement de l'œuvre de Rimbaud, ces *Illuminations* où la dynamique du langage est plus expressive que le sens même. Les mots ont certes un sens, mais ils luttent contre le sens, tandis que les textes vivent sous l'alternance de la norme et de l'écart.

La profonde originalité de Rimbaud — en cela précurseur de la poésie contemporaine — réside dans l'énigmatique rapport au texte que l'auteur des *Illuminations* impose à ses lecteurs. Rimbaud peut parfois sembler se laisser aller au ludisme, à l'autothématisme, voire à l'autoréférentialité. Il n'en est pourtant rien. Le caractère insaisissable de certains textes vaut, en réalité, par l'insatisfaction qu'il suscite chez le lecteur. Comme le remarque très bien André Guyaux, « accepter que quelque chose échappe à la lecture est une manière de comprendre le texte, mais le plaisir de le lire consiste aussi dans l'inquiétude née de cette privation[1] ».

L'impossibilité où se trouve la critique d'établir une théorie de l'écriture des *Illuminations* est des plus réconfortantes. L'hétérogénéité des textes est un rempart contre tout système globalisant, mais aussi et surtout, de la part de Rimbaud, une intuitive et vibrante autodéfense contre les réductions simplistes ou faussement rationnelles. Rimbaud s'inscrit ainsi superbement sur une crête où ni le référent ni le sens ne peuvent faire valoir leur toute-puissance, mais où au contraire s'imposent les secrets glissements d'une écriture en butte à toute forme de pouvoir, et les fragments éclatés d'un message pudiquement prisonnier des rets de l'angoisse.

Le livre et son public

Avant de connaître la consécration, Rimbaud est longtemps demeuré dans l'oubli. A l'époque où il compose ses chefs-d'œuvre (1871-1874), trois seulement de ses poèmes sont publiés. *Une saison en enfer* est certes sous presse en 1873 mais l'édition, impayée, reste dans les greniers de l'imprimerie. Connu, le poète ne l'est alors que d'un cercle d'amis, parmi lesquels Izambard, Delahaye et Verlaine. Sa gloire posthume, pour une grande part, dépendra d'eux.

Lorsque Rimbaud aborde le sol africain, il se désintéresse depuis longtemps déjà de son éphémère passé littéraire. A Aden et au Harrar, ses seuls écrits sont des rapports pour la Société de Géographie ainsi qu'une abondante correspon-

---

1. « Pour l'analyse des *Illuminations* », dans *Le Mythe d'Etiemble*, Didier Erudition, 1979, p. 97.

dance. Pendant ce temps, Verlaine s'efforce néanmoins de faire connaître à Paris les œuvres de son ancien ami. Dès 1883, il présente dans le journal *Lutèce* quelques poèmes voués à la célébrité *(Voyelles, Le Bateau ivre)*. En 1884, il publie *Les Poètes maudits*[1], étude où Rimbaud figure en bonne place. Deux ans plus tard, il rédige la notice des *Illuminations*[2]. Toutes ces éditions sont faites à l'insu de l'auteur dont le refus catégorique était à craindre.

Alors que Rimbaud agonise à l'hôpital de Marseille, un ensemble de ses poèmes, rassemblé sous le titre *Le Reliquaire*[3], suscite quelques remous ; mais c'est surtout en raison du différend qui oppose le préfacier Rodolphe Darzens à son éditeur ! La critique, pour sa part, reste muette, quand elle ne traite pas Rimbaud de « crapaud congrument pustuleux[4] ». L'indifférence et le dénigrement sont durables, au point qu'une enquête effectuée en 1902 auprès de deux cents poètes ne donne que trois voix à Rimbaud contre quatre-vingt-treize à Victor Hugo.

Peu après la mort du poète en novembre 1891, une querelle se développe dans les colonnes du journal *Le Petit Ardennais*. Isabelle Rimbaud, qui estime qu'un article consacré à son frère[5] le caricature de façon mensongère, réagit aussitôt en proclamant qu'Arthur est « mort comme un saint » au terme d'une vie vertueuse. Celle qui a veillé le poète sur son lit de mort entend le veiller dans la postérité. Sœur abusive, Isabelle en appelle déjà à une curieuse béatification qui n'a pas dans l'immédiat grand retentissement. Paterne Berrichon, qui épouse Isabelle en 1897, a d'ailleurs du mal à accepter l'image du Rimbaud « grand croyant » qu'on lui souffle. « Aucune formule religieuse, fût-ce la catholique, n'était capable d'enclore ses colossales et inouïes mysticités[6] », constate-t-il avec honnêteté.

1. Éd. Lemerre, rééd. 1888.
2. *La Vogue*, 1886 ; Verlaine préfacera en 1895 les *Poésies complètes de Rimbaud*, éd. Vanier.
3. Éd. Genonceaux, 1891.
4. Remy de Gourmont, dans *Mercure de France* (1er décembre 1891).
5. Numéro du 15 décembre 1891.
6. *La Vie de J. A. Rimbaud*, Mercure de France, 1897.

Pendant plus de vingt ans, Berrichon va entreprendre l'indispensable travail de rassemblement et d'édition des œuvres de son beau-frère. Il est aidé quelque temps par Ernest Delahaye dont le témoignage peut éclairer la genèse de certains poèmes. Les manuscrits sont revus et remis en ordre mais, conduit sur les chemins de la falsification par Isabelle, Berrichon commet parfois de tendancieuses erreurs de lecture. Il n'empêche que son travail[1] va contribuer efficacement à faire sortir Rimbaud de l'ombre.

Un texte écrit en 1896 par Mallarmé[2] passe presque inaperçu, qui pourtant s'efforce de définir l'originalité de « ce passant considérable » qu'est Rimbaud, « éclat, lui, d'un météore, allumé sans motif autre que sa présence, issu seul et s'éteignant ». Il faudra en réalité attendre la plume de Paul Claudel pour que l'œuvre rimbaldienne connaisse son véritable départ. Dans une célèbre préface rédigée en 1912[3], Claudel, qui s'est récemment converti, qualifie Rimbaud de « mystique à l'état sauvage ». Cette formule, qu'accompagne un texte très dense mais non exempt de certaines légendes, débouche malheureusement sur la thèse inacceptable d'un Rimbaud chrétien. « Chrétien non chrétien », nuancera plus tard Pierre Jean Jouve qui suggère que « toute l'impureté de Rimbaud est dans sa vie, qu'elle a détruite, afin que toute pureté s'élabore quelquefois dans sa poésie[4] ». Quant à Jacques Rivière, longtemps défenseur d'un Rimbaud mystique[5], il en viendra courageusement à douter de sa propre interprétation. Mais des critiques moins scrupuleux n'hésiteront pas à entamer, à l'instar de Claudel, ce que Breton a appelé « la confiscation de Rimbaud au profit du catholicisme[6] ».

1. *Œuvres de J. A. Rimbaud*, préface de P. Berrichon et E. Delahaye, 1898 ; *Œuvres d'A. Rimbaud* par P. Berrichon, 1912 (nombreuses rééditions), toutes au Mercure de France.

2. Paru dans la revue nord-américaine *The Chap Book* (15 mai 1896).

3. *La N.R.F.* (octobre 1912), puis préface aux *Œuvres d'A. Rimbaud*, Mercure de France, 1916.

4. *Défense et Illustration*, Ides et Calendes, 1943.

5. *Rimbaud*, Kra, 1930. Cf. aussi *Rimbaud, dossier 1905-1925*, Gallimard, 1977.

6. *Entretiens*, Gallimard, 1952.

Les mouvements littéraires issus de la première guerre mondiale — dadaïsme et surréalisme — vont heureusement donner à Rimbaud une dimension nouvelle. Les amis de Breton ne cherchent plus dans l'œuvre rimbaldienne un sens réducteur mais une invitation à l'action. « On sait maintenant que la poésie doit mener quelque part. C'est sur cette certitude que repose l'intérêt passionné que nous portons à Rimbaud[1] », écrit André Breton qui salue aussitôt en lui « un surréaliste dans la pratique de la vie et ailleurs[2] ». Rangé aux côtés de Lautréamont, Rimbaud est sacré demi-dieu, précurseur de l'écriture automatique, révolté absolu. Breton aide à une connaissance plus précise du poète en préfaçant avec Aragon *Un cœur sous une soutane*[3], inédit violemment anticlérical que Berrichon se refusait à publier.

La passion de Breton connaît pourtant quelques éclipses, car Rimbaud reste à ses yeux « coupable de ne pas avoir rendu tout à fait impossibles certaines intreprétations déshonorantes de sa pensée, genre Claudel[4] ». Désormais partagé entre l'hommage et le reproche, le poète surréaliste n'en écrira pas moins quelques pages qui comptent parmi les plus pénétrantes sur Rimbaud[5]. Tout en soutenant Jacques Gengoux[6] dont les travaux s'efforcent de déceler des influences ésotériques sur le poète des *Voyelles*, Breton continuera à dénoncer « la confiance stupéfiante avec laquelle catholiques et réactionnaires travaillent à mettre Rimbaud dans leur jeu[7] ».

Étiemble est assez proche de Breton lorsque, en 1936, il publie avec Yassu Gauclère un *Rimbaud*[8] qui malmène quelques légendes, notamment celles du Rimbaud chrétien

1. *Les Pas perdus*, Gallimard, 1924.
2. *Premier Manifeste du surréalisme*, 1924.
3. Éd. Ronald Davis, 1924.
4. *Second Manifeste du surréalisme*, 1924.
5. Cf. *Anthologie de l'humour noir*, Pauvert, 1966, *La Clé des champs*, Pauvert, 1967, etc.
6. *La Symbolique de Rimbaud*, La Colombe, 1947 et *La Pensée poétique de Rimbaud*, Nizet, 1950.
7. *Prolégomènes à un troisième manifeste du surréalisme ou non* (1942).
8. Éd. Gallimard (rééd. 1950 et 1966). Voir également Étiemble : *Rimbaud, Système solaire ou trou noir ?*, P.U.F., 1984.

et du Rimbaud communard. Ce livre préfigure le fameux *Mythe de Rimbaud*[1] dans lequel Étiemble pulvérise, avec une verve impitoyable, les contradictions et les inepties de maints exégètes. Les mythes politiques (qui vont jusqu'à faire de Rimbaud un fasciste, un stalinien, voire un juif !) ainsi que les mythes moraux (qui oscillent entre un Rimbaud bourgeois et un Rimbaud voyou) sont sévèrement passés au crible. L'image de « Saint-Rimbaud » sombre dans le ridicule. Sur un plan plus littéraire, Étiemble attaque la revendication du poète par les Symbolistes et les Surréalistes. A ces derniers, il reproche essentiellement de tirer « le voyant chez les voyantes », de faire de lui un « initié » alors que « ni la poétique de Rimbaud, ni sa poésie n'en font un écrivain hostile à la raison ». Cet essai de sociologie littéraire, qui entend mettre un terme à toute une série de gloses lénifiantes et imbéciles, provoquera de nombreuses réactions d'hostilité. D'aucuns y verront une entreprise qui tourne au désavantage de Rimbaud. René Char fustigera, pour sa part, « ce labeur de ramassage[2] ». Une brève querelle s'ensuivra, dont rend compte *Le dernier couac*[3].

En 1961, c'est une étude parue dans la revue *Bizarre* qui incite de nouveau Étiemble à tremper sa plume dans l'encrier polémique. Robert Faurisson propose une lecture érotique du sonnet des « Voyelles ». Antoine Adam salue cette « démonstration éclatante[4] », Breton émet quelques réserves, mais Étiemble qualifie l'interprétation de « paranoïaque[5] ». L'occasion sera bonne pour aviver quelque temps les passions[6].

Il est cependant, en marge de la rhétorique pamphlétaire, des approches plus sereines de l'œuvre rimbaldienne.

1. Éd. Gallimard. Trois volumes : *Structure du Mythe* (1952) ; *Genèse du Mythe* (1954) ; *L'Année du Centenaire* (1961).
2. Introduction aux *Œuvres de Rimbaud*, Club Français du livre, 1957.
3. Éd. G.L.M., 1958.
4. Dans *France-Observateur* (28/12/61).
5. Dans *Le Monde* (3/2/62).
6. Cf. *La Bibliothèque volante* n° 4, juillet 1971 ainsi que Étiemble : *Le Sonnet des « Voyelles ». De l'audition colorée à la vision érotique*, Gallimard, 1968.

La critique emprunte alors trois directions distinctes mais complémentaires : la biographie du poète, l'édition de ses œuvres et les commentaires qui l'accompagnent.

La biographie de Rimbaud reste un terrain peu sûr. Source renouvelée d'évocations fantaisistes, elle ressemble par trop à une vaste hagiographie. Les témoignages de Delahaye[1] et d'Izambard[2] peuvent être consultés, mais il est difficile de trouver, parmi la multitude d'ouvrages consacrés à Rimbaud, une biographie que n'effleure pas le mythe. Depuis l'honnête défrichage de Jean-Marie Carré[3] quelques apports nouveaux sont venus de Pierre Petitfils[4]. Marcel Ruff[5] a, pour sa part, tenté de mieux éclairer la liaison avec Verlaine. Le *Rimbaud* d'Enid Starkie[6] eut quelque temps du succès, mais il développait la légende du poète « négrier » que Matucci[7] contribua heureusement à détruire. La découverte progressive de la correspondance africaine de Rimbaud[8] éclaire d'ailleurs d'un jour plus exact les années passées à Aden et au Harrar.

L'œuvre rimbaldienne est, comme la vie du poète, l'objet de légendes et de controverses. On a longtemps cru, sur la foi de témoignages tendancieux, qu'*Une saison en enfer* marquait l'adieu de Rimbaud à la littérature et que le poète avait procédé à un autodafé de son œuvre. Cette légende, rapidement démasquée, a néanmoins pesé lourdement sur l'interprétation des *Illuminations* qu'on supposait toutes antérieures à la *Saison*. Dans une thèse soutenue en 1949,

1. *Rimbaud, l'artiste et l'être moral*, Messein, 1923 ; *Souvenirs familiers à propos de Rimbaud, Verlaine et Germain Nouveau*, Messein, 1925. Cf. aussi F. Eigeldinger et A. Gendre : *Delahaye, témoin de Rimbaud*, A la Baconnière, 1974.
2. *Rimbaud tel que je l'ai connu*, Mercure de France, 1946.
3. *La Vie aventureuse de J. A. Rimbaud*, Plon, 1926 ; rééd. augmentée en 1949.
4. *Rimbaud*, Julliard, 1982.
5. *Rimbaud*, Hatier, 1968.
6. *Rimbaud*, Faber and Faber, Londres, 1938 ; rééd. en 1947, puis en 1983 (Flammarion, trad. Alain Borer).
7. *Le Dernier Visage de Rimbaud en Afrique*, Didier, 1962.
8. Cf. *Correspondance 1888-1891*, préface de Jean Voellmy, Gallimard, 1965. Repris par A. Adam dans son édition des *Œuvres complètes*, La Pléiade, 1972.

Bouillane de Lacoste affirma au contraire l'antériorité de la *Saison*[1]. Fruit d'une étude graphologique des manuscrits d'*Illuminations*, cette thèse absolutiste n'a certes pas une grande rigueur scientifique ; elle n'en sera pas moins déterminante pour imposer une optique chronologique de l'œuvre que maints critiques avaient d'ailleurs déjà acceptée par intuition. En dépit de résistances diverses et d'une solide réfutation de Chadwick[2], les *Illuminations* — dont certaines pièces semblent pourtant bien contemporaines des *Derniers Vers* — trouvent désormais leur place derrière la *Saison* dans les meilleures éditions actuelles ; c'est l'ordre qu'ont adopté Suzanne Bernard[3], Louis Forestier[4], Antoine Adam[5], lui-même convaincu que quelques *Illuminations* ont été composées après 1874.

Il est toujours possible que la découverte d'inédits vienne bouleverser l'ordre des œuvres rimbaldiennes, mais la plus extrême prudence est de rigueur depuis la fameuse affaire de *La Chasse spirituelle*. Publié en 1949, ce texte n'était qu'un faux[6]. André Breton fit à cette occasion preuve d'une grande perspicacité pour prendre en *Flagrant Délit*[7] les complices de la supercherie. Ce genre de menus scandales ne détourne cependant pas la critique de sa préoccupation essentielle, à savoir l'exploration du secret rimbaldien. D'intéressants jalons ne cessent d'être posés en ce sens.

L'étude d'Yves Bonnefoy, dans son *Rimbaud par lui-même*[8], est celle d'un poète attentif aux aléas d'une création désireuse de se cerner pour mieux se guider. Elle éclaire bien « l'approche de l'inconnu » tentée par Rimbaud dans les

1. *Rimbaud et le problème des « Illuminations »*, Mercure de France, 1949.

2. *Études sur Rimbaud*, Nizet, 1960.

3. Éd. Garnier, 1960. Nouvelle édition par S. Bernard et A. Guyaux, 1981 et 1983.

4. Poésie. Gallimard, 1973.

5. Bibliothèque de la Pléiade, 1972. Voir aussi l'édition d'*Illuminations* établie par Albert Py, éd. Droz et Minard, 1967.

6. Éd. Mercure de France.

7. Éd. Thésée, 1949. Voir aussi Bruce Morrissette : *L'Affaire Rimbaud*, éd. Nizet, 1959.

8. Éd. Le Seuil, 1961.

poèmes du printemps 1872 — « les plus beaux peut-être de notre langue » — ainsi que « la charité ensorcelée » du poète en 1873 ; elle se risque enfin à déceler une influence du haschisch sur bon nombre d'*Illuminations*. Au terme de son brillant essai, Yves Bonnefoy estime que « la grandeur de Rimbaud restera d'avoir refusé le peu de liberté que dans son siècle et son lieu il aurait pu faire sien, pour témoigner de l'aliénation de l'homme, et l'appeler à passer de sa misère morale à l'affrontement tragique de l'absolu ».

Le *Rimbaud* de Marcel Ruff[1] s'efforce d'apporter des solutions à quelques problèmes épineux. D'accord avec André Breton pour déplorer « le tenace préjugé littéraire » qui tend à considérer Rimbaud « en fonction de Verlaine », Ruff va même plus loin et s'insurge contre la place démesurée généralement accordée à « l'affaire de Bruxelles ». Il se trouve ainsi amené à donner une interprétation nouvelle de la *Saison* qui exclut toute référence à Verlaine. Ruff met d'autre part bien en relief le rôle — trop souvent minimisé — de la Commune sur Rimbaud[2]. Tout en s'attachant à souligner l'importance de la Nature pour le poète, Ruff amorce d'intéressantes comparaisons avec Baudelaire, Charles Cros et Germain Nouveau.

Jean-Pierre Richard[3] définit l'œuvre de Rimbaud comme une « poésie du devenir » qui « exige de la destruction qu'elle construise, de l'éclatement qu'il réunisse » ; poésie en quête du mystérieux « avènement du même à l'autre ». Dégagée des abus de la biographie, l'étude thématique de Richard reste cependant prisonnière d'une subjectivité phénoménologique que refusent certains critiques actuels. C'est le cas de Jean-Louis Baudry[4] qui, partisan d'une « théorie du texte », voit dans la poésie « objective » de Rimbaud des « ruptures » successives, issues de « pratiques scripturales différentes ».

1. *Rimbaud*, Hatier, 1968.
2. cf. P. Gascar : *Rimbaud et la Commune*, Gallimard, 1971.
3. Dans *Poésie et Profondeur*, Le Seuil, 1955. Dans la même ligne de pensée, voir aussi G. Poulet : *La Poésie éclatée*, P.U.F., 1980.
4. *Le Texte de Rimbaud, Tel Quel*, nos 35 et 36 (1968-1969).

Dans le sillage de cet article, va s'inscrire l'étude textuelle d'Atle Kittang[1] qui explore d'abord l'espace thématique de Rimbaud pour l'insérer ensuite dans un espace ludique éclaté et froidement solitaire. Dans *Rimbaud créateur*[2], Jean-Pierre Giusto s'attache à détecter les champs associatifs sur lesquels le chaos langagier peut prendre forme, créer le neuf et même l'inouï, tandis que, dans *Le Vertige de Rimbaud*[3], Paule Lapeyre est surtout attentive à une « sémantique du vertige » qui fonde une poésie de la rupture. Ces critiques ont l'avantage de ne point tomber dans le piège facile de l'« illisibilité » fâcheusement systématisé par Todorov[4], mais ils écartent, sans les régler, les problèmes traditionnels de la critique rimbaldienne, et spécialement la question chronologique.

Les publications collectives savent en revanche se faire plus éclectiques. C'est le cas de la série « *Rimbaud* »[5] inaugurée en 1972 chez Minard par Louis Forestier, des numéros spéciaux des revues *Europe*[6], *Littérature*[7] et *Bérénice*[8], des *Études sur les « Poésies » de Rimbaud*[9] recueillies par Marc Eigeldinger et de *Lectures de Rimbaud*[10], numéro composé par André Guyaux[11]. Lectures de Rimbaud : l'in-

---

1. *Discours et jeu. Essai d'analyse des textes d'Arthur Rimbaud.* Presses Universitaires de Grenoble, 1975.
2. Presses Universitaires de France, 1980.
3. Neuchâtel, A la Baconnière, 1981.
4. Cf. « *Une compilation de texte : les Illuminations* », *Poétique*, n° 34, avril 1978.
5. Quatre numéros parus (1972, 1973, 1976, 1980).
6. mai-juin 1973.
7. octobre 1973.
8. mars 1981.
9. Neuchâtel, A la Baconnière, 1979 (contributions d'Yves Bonnefoy, L. Forestier, Fréderic Eigeldinger, G. Schaeffer, A. Bandelier).
10. Revue de l'université de Bruxelles, 1982 (articles d'Y. Bonnefoy, Étiemble, P. Brunel, Z. Naliwajek, J.-L. Steinmetz, M. Eigeldinger, entre autres).
11. André Guyaux est l'auteur de plusieurs articles déterminants (notamment « *A propos des Illuminations* », *R.H.L.F.*, septembre-octobre 1977 ; « *Où en est Rimbaud ?* », *Romantisme*, n° 36, 1982 ; « *Poétique du glissement* », dans *Lectures de Rimbaud*, déjà cité) ainsi que d'ouvrages appelés à faire longtemps autorité : *Les « Illuminations » : poétique du fragment*, Neuchâtel, A la Baconnière, 1984, et une édition critique des *Illuminations* chez le même éditeur.

vitation demeure plus que jamais valable. En 1983, l'inscription — pour la première fois — de l'œuvre de Rimbaud au concours de l'agrégation a suscité de nouvelles publications qui sont autant d'approches nouvelles. Pierre Brunel s'est ainsi attaché à retrouver les élans des projets successifs du poète, « peut-être moins brisés qu'on ne l'a dit[1] ».

L'insatiable « besoin d'interpréter[2] » peut certes conduire à de plus ou moins savantes exégèses, mais il ne saurait remplacer une relation exclusive avec l'œuvre.

« A travers les rues de Nantes, Rimbaud me possède entièrement : ce qu'il a vu, tout à fait ailleurs interfère avec ce que je vois et va même jusqu'à s'y substituer[3]. » Nombreux sont ceux qui, comme André Breton, suivent et suivront, sans preuves, les traces de « l'homme aux semelles de vent[4] ».

Vers et citations célèbres

« On n'est pas sérieux, quand on a dix-sept ans. »
(*Roman*)

« Ô Mort mystérieuse, ô sœur de charité ! »
(*Les Sœurs de charité*)

« Comme je descendais des Fleuves impassibles,
Je ne me sentis plus guidé par les haleurs :
Des Peaux-Rouges criards les avaient pris pour cibles,
Les ayant cloués nus aux poteaux de couleurs. »
(*Le Bateau ivre*)

---

1. *Rimbaud. Projets et réalisations,* Champion, 1983. Du même auteur, *Arthur Rimbaud ou l'éclatant désastre*, Champ Vallon, 1983. Voir également les Actes d'un colloque tenu à la Sorbonne : *« Matinée d'éveil ». Rimbaud aujourd'hui,* Sedes, 1984.
2. Manonni : *Clefs pour l'imaginaire*, Le Seuil, 1969.
3. Breton : *Entretiens*, Gallimard, 1952.
4. Formule de Verlaine.

« A noir, E blanc, I rouge, U vert, O bleu : voyelles,
Je dirai quelque jour vos naissances latentes »
(Voyelles)

« Oisive jeunesse
A tout asservie,
Par délicatesse
J'ai perdu ma vie.
Ah ! que le temps vienne
Où les cœurs s'éprennent ! »
(Chanson de la plus haute tour)

« Elle est retrouvée.
Quoi ? — L'Éternité.
C'est la mer allée
Avec le soleil. »
(L'Éternité)

« Ô saisons, ô châteaux,
Quelle âme est sans défauts ? »
(Ô saisons, ô châteaux)

« J'ai horreur de tous les métiers. Maîtres et ouvriers, tous
paysans, ignobles. La main à plume vaut la main à charrue.
— Quel siècle à mains ! — Je n'aurai jamais ma main. »
(Une saison en enfer)

« Maintenant je suis maudit, j'ai horreur de la patrie. Le
meilleur, c'est un sommeil bien ivre, sur la grève. »
(Une saison en enfer)

« Farce continuelle ! Mon innocence me ferait pleurer. La
vie est la farce à mener par tous. »
(Une saison en enfer)

« J'écrivais des silences, des nuits, je notais l'inexprimable.
Je fixai des vertiges. »
(Une saison en enfer)

« Je m'habituai à l'hallucination simple : je voyais très franchement une mosquée à la place d'une usine »
(Une saison en enfer)

« Je devins un opéra fabuleux : je vis que tous les êtres ont une fatalité de bonheur »
(Une saison en enfer)

« Cela s'est passé. Je sais aujourd'hui saluer la beauté. »
(Une saison en enfer)

« Moi ! moi qui me suis dit mage ou ange, dispensé de toute morale, je suis rendu au sol, avec un devoir à chercher, et la réalité rugueuse à étreindre ! Paysan ! »
(Une saison en enfer)

« Point de cantiques : tenir le pas gagné. »
(Une saison en enfer)

« Le combat spirituel est aussi brutal que la bataille d'hommes ; mais la justice est le plaisir de Dieu seul. »
(Une saison en enfer)

« La musique savante manque à notre désir. »
(Conte)

« Je suis réellement d'outre-tombe, et pas de commissions. »
(Vies)

« Voici le temps des *Assassins*. »
(Matinée d'ivresse)

« Quant au monde, quand tu sortiras, que sera-t-il devenu ? En tout cas, rien des apparences actuelles. »
(Jeunesse)

« Maintenant, je m'encrapule le plus possible. Pourquoi ? Je veux être poète, et je travaille à me rendre *voyant* : vous ne comprendrez pas du tout, et je ne saurais presque vous expliquer. Il s'agit d'arriver à l'inconnu par le dérèglement de *tous les sens*. Les souffrances sont énormes, mais il faut être fort, être né poète, et je me suis reconnu poète. Ce n'est pas du tout ma faute. C'est faux de dire : Je pense : on devrait dire : On me pense. — Pardon du jeu de mots. —

Je est un autre. Tant pis pour le bois qui se trouve violon, et Nargue aux inconscients, qui ergotent sur ce qu'ils ignorent tout à fait ! »
(Lettre à Izambard, 13 mai 1871)

« Le Poète se fait *voyant* par un long, immense et raisonné *dérèglement* de *tous les sens.* »
(Lettre à Paul Demeny, 15 mai 1871)

Biographie

1854. — Naissance de Jean-Nicolas Arthur Rimbaud, le 20 octobre à Charleville, dans les Ardennes. Son père, Frédéric Rimbaud, est capitaine d'infanterie et vagabonde avec son unité. Sa mère, Vitalie Cuif, fille de petits propriétaires ardennais installés à Roche, près d'Attigny, a un goût inné de l'autorité[1]. Son mari la délaissera puis l'abandonnera définitivement après lui avoir donné cinq enfants : Frédéric, d'un an plus âgé qu'Arthur (il finira sa vie comme conducteur d'omnibus), Vitalie (née en 1858), Isabelle (née en 1860), ainsi qu'une autre fille née en 1857 mais morte en bas âge.

1862. — Rimbaud entre, en octobre, comme externe à l'Institut Rossat. Dans cette école fréquentée par les enfants de la bourgeoisie de Charleville, il griffonne ses premiers écrits.

1865. — A Pâques, Arthur entre en 7ᵉ au collège de Charleville, et passe en 6ᵉ en octobre. Il fait sa première communion quelques mois plus tard.

1866. — Les dons précoces et la maturité de Rimbaud incitent ses professeurs à le dispenser d'une classe de 5ᵉ. En octobre, il entre directement en 4ᵉ.

1. « Plus inflexible que soixante-treize administrations à casquettes de plomb », dira d'elle Rimbaud.

1868. — Rimbaud envoie « dans le plus grand secret » une ode latine au Prince Impérial qui fait sa première communion.

1869. — Virtuose dans la composition de vers latins, Rimbaud voit trois de ses compositions publiées dans *Le Moniteur de l'Enseignement secondaire*. L'une d'elles, *Jugurtha*, lui vaut le premier prix du Concours académique.

Rimbaud compose la même année *Les Étrennes des orphelins*, premiers vers français que nous lui connaissons. *La Revue pour tous* les publiera au début de l'année suivante.

1870. — Entre en rhétorique et se lie d'amitié avec son professeur, Georges Izambard, âgé de vingt-deux ans, qui lui fait découvrir Rabelais, Victor Hugo, Théodore de Banville. C'est à ce dernier que Rimbaud envoie, le 24 mai, trois de ses poèmes : *Sensation, Ophélie* et *Credo in unam* (intitulé plus tard *Soleil et Chair*). Rimbaud nourrit l'espoir d'être publié dans *Le Parnasse contemporain*[1], mais son envoi demeurera sans réponse. Il aura plus de chance avec l'hebdomadaire satirique *La Charge* qui en août lui publiera *Trois Baisers* (devenu par la suite *Première soirée*).

En juillet, il compose *Morts de Quatre-vingt-douze*, poème qui s'en prend à un article du journal *Le Pays*, d'un patriotisme déplacé. Rimbaud remet son poème à Izambard le 18 juillet. Le lendemain, la France et la Prusse entrent en guerre. On ne tarde pas à apprendre la piètre victoire de Sarrebruck montée en épingle par l'Empereur, ainsi que les premiers revers de l'armée française.

Le 29 août, Rimbaud décide de partir sans autorisation à Paris. La ligne directe est coupée. Rimbaud se voit donc obligé de passer par Charleroi. Il espère

---

1. « Cher maître, à moi ; Levez-moi un peu : je suis jeune ; tendez-moi la main... »

assister à la chute du gouvernement impérial. En fait, arrivé à Paris, il est aussitôt incarcéré à la prison de Mazas ; on craignait qu'il ne fût un espion. Arthur lance un appel désespéré à Izambard (« Faites tout ce que vous pourrez ») qui parvient à le faire libérer quelques jours plus tard et qui s'efforce de calmer les foudres de Mme Rimbaud. Avant de regagner Charleville, Rimbaud passe une partie du mois de septembre à Douai, chez les demoiselles Gindre, amies de la famille Izambard. C'est là qu'il commence à recopier sur de grandes feuilles de papier, des poèmes, qu'il destine à Paul Demeny, jeune poète douaisien qu'Izambard vient de lui faire connaître.

Mme Rimbaud exige le retour d'Arthur à Charleville. Mais, à peine revenu, le poète ne songe déjà qu'à fuir. Le 7 octobre, il part pour Charleroi où il espère devenir journaliste. Déçu dans ses espérances, il gagne Bruxelles, puis se rabat sur Douai où il finit de recopier le recueil de vingt-deux poèmes qu'il confiera à Demeny. La seconde partie du recueil comprend des pièces inspirées par sa récente fugue : *Au Cabaret-Vert, La Maline, Ma Bohème.*

En novembre retour à Charleville. Pendant l'hiver 1870-1871 ponctué par les bombardements de Charleville et de Mézières, Rimbaud fréquente assidûment la bibliothèque municipale où il lit les socialistes français (Proudhon, Babeuf, Louis Blanc, Saint-Simon), les historiens (Thiers, Michelet), des romans, des ouvrages d'occultisme. Il écrit *Les Assis.*

1871. — Le 25 février, Rimbaud gagne Paris par le train ; c'est sa troisième fugue. Il erre une quinzaine de jours dans les rues de la capitale, sans argent. Finalement, il revient à pied à Charleville, à travers les lignes ennemies.

Le 18 mars, Rimbaud apprend avec allégresse l'établissement de la Commune à Paris. Il manifeste aussitôt ses sentiments « communards ». Pipe au bec, gouailleur et insolent, il se plaît à crier devant bourgeois et boutiquiers : « L'ordre est vaincu ! » Un doute demeure sur la participation effective de Rimbaud à la Commune[1]. Était-il à Paris le 23 ou le 24 mai ? Rien n'est moins sûr. Toujours est-il que ses poèmes expriment sa vive passion communarde : *Chant de guerre parisien, Les Mains de Jeanne-Marie, Paris se repeuple*.

Le 13 et le 15 mai, Rimbaud écrit deux lettres capitales. La première, adressée à Izambard, s'en prend au « professeur » qui roule « dans la bonne ornière ». Lui, Rimbaud, a décidé de « s'encrapuler ». « Pourquoi ? Je veux être poète, et je travaille à me rendre *voyant*... Il s'agit d'arriver à l'inconnu par le dérèglement de *tous les sens*. » La seconde lettre est envoyée à Paul Demeny ; il s'agit de la célèbre lettre dite *du voyant* dans laquelle Rimbaud prône une poétique nouvelle. Ces deux lettres sont le signal du bouleversement radical de l'esthétique rimbaldienne. Rimbaud écrira d'ailleurs le 10 juin à Demeny pour lui demander de brûler tous les poèmes qu'il lui avait adressés en octobre 1870. Il lui envoie en échange ses nouvelles créations : *Les Poètes de sept ans, Les Pauvres à l'église* et *Le Cœur du Pitre* (intitulé plus tard *Le Cœur volé*). Dans le même temps, Rimbaud traverse une violente crise d'anticléricalisme et d'antichristianisme.

Rimbaud envoie, le 15 août, à Banville, *Ce qu'on dit au poète à propos de fleurs*, poème qui se moque habilement des thèmes parnassiens.

Rimbaud vient alors de faire la connaissance d'un employé aux contributions indirectes de Charleville ; il s'appelle Bretagne, est passionné de poésie et a connu Verlaine[2] à Arras. Il se propose de mettre Rimbaud en rapport avec le poète saturnien. L'offre

---

1. « ... Les colères folles me poussent vers la bataille de Paris, — où tant de travailleurs meurent pourtant encore tandis que je vous écris » (lettre à Izambard du 13 mai 1871).

2. Rimbaud a dix ans de moins que Verlaine.

est acceptée avec enthousiasme, et Rimbaud rédige une longue lettre dans laquelle il glisse quelques poèmes. Impatient, il écrit de nouveau et joint *Mes Petites Amoureuses, Paris se repeuple* et *Les Premières Communions*. La réponse de Verlaine arrive enfin, admirative et enthousiaste. Verlaine veut faire venir le jeune poète à Paris et entend consulter ses amis pour lui assurer un séjour convenable. A la mi-septembre, tout est prêt. « Venez, chère grande âme, on vous appelle, on vous attend », lui écrit Verlaine. Rimbaud débarque à Paris fin septembre. Il loge d'abord chez les beaux-parents de Verlaine. Jugé vite indésirable, il est obligé de trouver refuge chez divers amis de Verlaine (Charles Cros, Forain, Banville). Rimbaud participe avec Verlaine aux réunions du Cercle Zutique qui tient ses assises à l'hôtel des Étrangers, boulevard Saint-Michel, à l'angle de la rue Racine. Les membres du Cercle — parmi lesquels on compte Mérat, Valade, Richepin, Ponchon, Charles Cros, Gill, le musicien Cabaner — composent sur un Livre d'Or des pastiches de poètes célèbres ou s'imitent les uns les autres. Rimbaud collabore largement à ce qu'on appellera l'*Album Zutique*. Dans ce Cercle où l'on peut boire, lire et chanter, Rimbaud fait vraisemblablement la découverte du hachisch. Cependant, agressif et maussade, Arthur n'est guère apprécié. Il se fera d'ailleurs mettre à la porte du Cercle pour s'être vanté d'avoir fait à Cabaner une farce d'un goût douteux.

1872. — Rimbaud et Verlaine hantent les cafés du Quartier latin, mènent une vie dissolue qui provoque la colère de Mme Verlaine. Cette dernière n'était qu'une jeune fille de seize ans, Mathilde Mauté, lorsqu'elle avait, l'année précédente, épousé Verlaine, son aîné de dix ans. Elle lui avait donné un fils, en octobre dernier, peu après l'arrivée de Rimbaud. Depuis lors, le couple était en proie à de nombreuses disputes, motivées par les retours tardifs de Verlaine.

En janvier, sur les conseils de ses parents qui vivent sous le même toit, Mathilde décide de partir avec son fils à Périgueux. Vexé, Verlaine lui écrit une lettre suppliante. Mathilde lui fait savoir qu'elle n'acceptera de rentrer que si Rimbaud est renvoyé. En mars, Rimbaud regagne les Ardennes.

Mais Verlaine nourrit l'espoir de faire revenir son ami à Paris. Il se fait humble avec lui et l'appelle, dans une lettre, « Cher Rimbe bien gentil ». En mai, Rimbaud revient à Paris où il compose ses vers « dernière manière » en rupture avec la prosodie traditionnelle : *La Rivière de Cassis, Comédie de la soif, Bonne pensée du matin, Fêtes de la patience, Chanson de la plus haute tour*...

Le 7 juillet, Arthur décide de partir en Belgique. Verlaine, qui depuis quelque temps ne cesse d'être pris entre un beau-père guindé et une femme chagrine, opte alors pour la fuite et obéit à l'ultimatum de Rimbaud : « Tu vas venir avec moi, autrement nous ne nous reverrons plus. »

L'escapade mène les deux amis à Bruxelles. Pendant ce temps, Mathilde découvre à Paris les lettres que Rimbaud a adressées à son mari de février à mai ; elle comprend qu'elle a été jouée et décide d'aller à Bruxelles arracher Verlaine aux griffes du démon. Verlaine accepte de rentrer à Paris, mais finalement s'esquive.

Rimbaud et Verlaine s'embarquent, le 4 septembre, pour l'Angleterre. Ils étudient l'anglais, errent dans Londres et ses faubourgs. Leur misère va s'accentuant. De son côté, Verlaine ne cesse d'être tourmenté par le procès en séparation de corps que sa femme vient de lui intenter.

Rimbaud retrouve les Ardennes à la fin du mois de décembre.

1873. — Rimbaud reçoit, à la mi-janvier, une lettre de Verlaine qui se dit malade et mourant de désespoir à Londres. Mme Verlaine mère, prompte à tout faire pour son fils, accourt à son chevet. Elle procure à Rimbaud l'argent nécessaire au voyage. Dès l'arrivée de son ami, Verlaine va mieux, mais il ne tarde pas à être de nouveau tourmenté par l'idée d'une réconciliation avec sa femme. Rimbaud se lasse des hésitations de Verlaine, prend une carte de lecteur au British Museum et se plonge dans l'étude.

En avril, Verlaine et Rimbaud passent en Belgique. Peu après, Rimbaud, sans ressources, rentre à la ferme familiale de Roche. C'est là qu'il commence à rédiger le *Livre païen* ou *Livre nègre* qui deviendra quelques mois plus tard *Une saison en enfer*. Rimbaud s'ennuie à Roche (« Quelle horreur que cette campagne française »), mais se ménage quelques rencontres dominicales avec Delahaye et Verlaine ; elles ont généralement lieu à Bouillon, à la frontière franco-belge. C'est là que le 25 mai, Verlaine propose à Rimbaud de repartir pour l'Angleterre. Sans perdre de temps, les deux poètes s'embarquent pour l'Angleterre et retrouvent Londres. La vie paisible des premiers jours ne dure pas. Le désespoir refoulé de Verlaine sourd parfois et agace Rimbaud qui devient de plus en plus irritable. C'est pourtant Verlaine qui, le 3 juillet, à la suite d'une querelle, prend l'initiative d'une rupture. Il laisse Rimbaud sans un sou à Londres et gagne la Belgique avec l'espoir toujours vivant de renouer avec sa femme. La souffrance de Rimbaud est grande. Il écrit à Verlaine : « Reviens, cher ami, seul ami, reviens... Nous avons vécu deux ans ensemble pour arriver à cette heure-là !... Si je ne dois plus te revoir, je m'engagerai dans la marine ou l'armée ».

Dans une lettre, vraisemblablement écrite sur le bateau qui le mène en Belgique, Verlaine confirme à Rimbaud sa ferme intention de rompre avec lui et lui confie : « Si d'ici à trois jours je ne suis pas r'avec ma femme dans des conditions parfaites, je me brûle la gueule. » Rimbaud lui répond avec cynisme : « Ta femme ne viendra pas, ou viendra dans trois mois, trois ans, que sais-je ? Quant à claquer, je te connais. » De fait, Verlaine ne se tuera pas, et sa femme restera insensible au chantage suicidaire. Alors, dépité et désespéré, il se retourne vers Rimbaud, lui écrit, l'appelle. Arthur arrive à Bruxelles le 8 juillet, mais ne tarde pas à être irrité par le projet de Verlaine d'aller à Paris arracher le pardon de sa femme. Rimbaud menace, lui aussi, d'aller à Paris. Le 10, la discussion s'envenime. Verlaine, exaspéré et quelque peu éméché, tire deux coups de feu sur son ami. Une balle atteint Rimbaud au poignet. Après quelque affolement, le blessé est conduit par Verlaine et sa mère à l'hôpital Saint-Jean où il est pansé. Mme Verlaine persuade son fils de laisser partir Rimbaud qui y est plus que jamais résolu. Mais, sur le trajet qui mène le trio à la gare du Midi, Verlaine porte la main à la poche où se trouve son revolver. Rimbaud s'affole et trouve la protection d'un agent de police. Bien qu'Arthur se soit refusé à porter plainte, l'affaire se trouve aux mains de la justice belge qui condamnera Verlaine à deux ans de prison.

La blessure de Rimbaud est légère. Le poète, un bras en écharpe, peut sortir de l'hôpital le 20 juillet. Il serait alors rentré à Roche et, enfermé dans un grenier, aurait achevé de composer *Une saison en enfer*. Rimbaud confiera bientôt l'impression de son ouvrage à un imprimeur bruxellois, Jacques Poot, mais se verra contraint, faute d'argent, d'abandonner l'édition de son livre dont quelques rares exemplaires ont été adressés à ses amis. En octobre, Rimbaud vient à Bruxelles prendre livraison de ses quelques exemplaires d'auteur. Il dépose peut-être alors à la conciergerie de la prison de Bruxelles un exemplaire dédicacé à Verlaine qui, de son côté, rêve toujours de concilier l'amour de sa femme et l'amitié de Rimbaud. C'est à Roche que Rimbaud passe l'hiver. Vers la fin de cette année 1873, Rimbaud semble s'être lié d'amitié avec Germain Nouveau, poète provençal de vingt-deux ans qui a fréquenté le Cercle Zutique.

1874. — En mars, Rimbaud se trouve à Londres, en compagnie de Germain Nouveau qui l'aide à copier des poèmes d'*Illuminations*. Mais Nouveau ne veut pas lier son destin à celui de Rimbaud et décide en avril de rentrer à Paris. Rimbaud se retrouve seul et désemparé. Il donne des leçons de français dans quelques écoles. Il revient passer la fin de l'année dans les Ardennes.

1875. — Rimbaud part en janvier pour l'Allemagne afin d'y apprendre la langue. Il trouve un emploi de précepteur à Stuttgart.

Pendant ce temps, Verlaine vient de sortir de prison. Il n'a cessé d'être tenu au courant des allées et venues de son ancien ami par Delahaye. Verlaine, qui est revenu aux pratiques catholiques, décide de se rendre à Stuttgart ; il veut à la fois reconquérir une amitié et sauver une âme. « Verlaine est arrivé ici l'autre jour, un chapelet aux pinces » confiera plus tard Rimbaud à Delahaye. En fait, l'attitude de Verlaine irrite fortement Rimbaud qui, au bout de quelque deux jours, le congédie. En mai, Rimbaud quitte l'Allemagne, gagne la Suisse et pénètre à pied en Italie. Il arrive à Milan, complètement malade. Rimbaud reprend en juin sa route vers le sud, dans l'espoir peut-être de s'embarquer pour l'Afrique. Mais, terrassé par une insolation sur la route de Livourne à Sienne, Rimbaud est rapatrié à Marseille par le consulat français. Il veut s'enrôler dans l'armée carliste, mais ne donne pas suite à son projet et remonte à Paris en juillet, avant de retrouver en octobre Charleville. Le 18 décembre, il a la douleur de voir s'éteindre sa sœur Vitalie.

1876. — Rimbaud se rend à Vienne, voyage malheureux au cours duquel il se fait dévaliser puis expulser d'Autriche. Arthur pourtant ne se décourage pas. Il repart vers la Hollande et signe, le 19 mai, à Harderwijk un engagement de six ans dans l'armée coloniale hollandaise. Mercenaire étranger, il est chargé d'aller rétablir l'ordre au cœur de Java. Il s'embarque le 10 juin et arrive à Batavia (aujourd'hui Djakarta) le 19 juillet. Mais, au bout de quelques semaines, Rimbaud déserte et s'embarque sur un voilier anglais qui regagne l'Europe. Il est à Charleville à la fin du mois de décembre. Le 28 janvier suivant, Delahaye pourra résumer ainsi le périple rimbaldien : « IL EST REVE-NU... d'un petit voyage ; presque rien. Voilà les stations : Bruxelles, Rotterdam, Le Helder, Southampton, Gibraltar, Naples, Suez, Aden, Sumatra, Java (deux mois de séjour), Le Cap, Sainte-Hélène, Ascension, les Açores, Queenstown, Cork (en Irlande), Liverpool, Le Havre, Paris, et toujours pour finir... Charlestown. »

1877. — Rimbaud rêve à de nouvelles évasions. Au printemps, il se rend à Brême puis à Hambourg où il trouve, semble-t-il, un emploi d'interprète au cirque Loisset avec lequel il parcourt la Suède et le Danemark. Il revient quelque temps à Charleville avant de tenter une autre évasion. Cette fois, on le trouve à Marseille d'où il s'embarque en septembre pour Alexandrie. Mais, malade à bord, il est débarqué à Civita-Vecchia. Il en profite pour visiter Rome, mais revient finalement passer l'hiver dans les Ardennes.

1878. — Au printemps, Rimbaud éprouve une nouvelle fois le besoin de fuir. Se rend-il à Hambourg dans le but de gagner l'Orient ? Fait-il le tour de la Suisse ? On l'ignore. Toujours est-il que Rimbaud se replie sur Roche où il passe l'été.

Le 20 octobre, il repart. Il traverse à pied les Vosges, la Suisse et le Saint-Gothard. A Lugano, il prend le train pour Gênes, d'où il s'embarque pour Alexandrie. De là, il gagne à la fin de l'année l'île de Chypre où il trouve un emploi de chef de chantier au service

d'une maison française. Rimbaud aime la dure chaleur de la côte désertique, mais ne peut longtemps la
supporter. Bientôt, la fièvre typhoïde l'abat.

1879. — En juin, Rimbaud, malade, est contraint de regagner précipitamment la France. Il revient à Roche où
l'on diagnostique sa fièvre typhoïde. Il se soigne et
travaille à la ferme.

A Delahaye qui vient lui rendre visite, Rimbaud dit
son détachement de la littérature : « Je ne pense plus
à ça. »

1880. — Rimbaud regagne Chypre au printemps. Il est
embauché dans une entreprise chargée d'édifier sur le
mont Troodos, à 2 000 mètres d'altitude, un palais
destiné au gouverneur britannique. Mais Rimbaud
démissionne de son poste et abandonne l'île en juillet. Il s'embarque pour l'Égypte et gagne Aden en
août. Il trouve un emploi à la maison Viannay,
Mazeran, Bardey et Cie. Cette maison, spécialisée
dans le commerce des peaux et du café, vient d'ouvrir une succursale à Harrar, ville de l'Islam où peu
de Blancs ont pénétré. Rimbaud accepte de s'en charger. Il arrive le 13 décembre à Harrar « après vingt
jours de cheval dans le désert somali ». L'horizon
africain vient de s'ouvrir à Rimbaud qui ne le quittera que dix ans plus tard, pour aller mourir en France.

1881. — Rimbaud est acheteur pour le compte de la maison Bardey. D'abord enthousiaste et plein d'optimisme, il commence peu à peu à s'ennuyer, à se plain-
dre du climat, à se heurter à la jalousie des négo-
ciants. « On ne peut s'imaginer une autre vie avec un
ennui plus grand que celle-ci ! » écrit-il dans une lettre
du 25 mai. Rimbaud souffre du vide intellectuel. Il
charge sa mère, à qui il vient de confier ses économies, de lui faire parvenir des ouvrages techniques,
divers instruments, un appareil photographique. Il
rêve d'explorations. En juin-juillet, il fait une expédition à Bubassa, mais n'en rapporte que fièvre et fatigues. Rimbaud se lasse de Harrar, s'exaspère des

retards du courrier, a des démêlés avec ses patrons. En décembre, il quitte Harrar pour Aden.

1882. — Rimbaud continue de travailler à Aden au service de la maison Bardey. «Je trime comme un âne dans un pays pour lequel j'ai une horreur indicible », écrit-il dans une de ses lettres qui sont autant de plaintes.

1883. — Rimbaud repart d'Aden pour Harrar où la maison Bardey le charge d'entreprendre quelques explorations dans le Somal et le pays Galla. Rimbaud décide de reconnaître la province mal connue de l'Ogadine. Il y pénètre en août et rédige peu après un brillant rapport d'ensemble sur la région. Cette étude sera publiée l'année suivante dans le bulletin de la Société de Géographie.

1884. — La maison Bardey, en difficulté, se voit contrainte de liquider. Rimbaud reprend en avril la route d'Aden où il demeure au chômage, désespéré de voir s'amenuiser ses économies. Par chance, Bardey, qui a réussi à monter une nouvelle affaire, engage Rimbaud pour six mois, jusqu'à la fin de l'année.

1885. — Rimbaud signe en janvier un nouveau contrat d'un an avec la maison Bardey. Lorsque, en octobre, il entend parler d'une mirifique affaire d'importation d'armes dans le Choa, il n'hésite pas à dénoncer son contrat et à engager tout son avoir dans l'affaire. Il s'agit de revendre cinq fois plus cher à Ménélik, roi du Choa, des fusils achetés à Liège. Rimbaud se voit déjà à la tête d'une fortune. Mais les premières complications apparaissent. Parti en novembre pour Tadjourah afin de prendre livraison des fusils et d'organiser une caravane qui les acheminera jusqu'au roi, Rimbaud est bloqué plusieurs mois par une grève des chameliers.

1886. — En avril, la caravane est prête à partir quand Rimbaud apprend l'ordre transmis par le gouverneur d'Obock : à la suite d'accords franco-anglais, toute importation d'armes est désormais interdite dans le

Choa. Rimbaud enfouit son stock dans le sable afin d'éviter une saisie. Il se plaint auprès du ministère des Affaires étrangères, fait diverses démarches. Enfin, il apprend en juin qu'une expédition scientifique italienne est autorisée à pénétrer dans le pays. Il va s'arranger pour pouvoir se joindre à elle. Malgré l'abandon forcé de Pierre Labatut, principal instigateur de l'affaire, et la mort de l'explorateur Soleillet, Rimbaud prend en septembre la tête de la périlleuse expédition. Une chaleur de 70° pèse sur la route qui mène à Ankober, résidence de Ménélik. Rimbaud ignore que, pendant ce temps, *La Vogue* publie en France des vers de lui et une grande partie des *Illuminations*.

1887. — Rimbaud arrive à Ankober le 6 février, mais le roi est absent. Il doit alors gagner Antotto, à 120 kilomètres de là. Le roi l'y reçoit, accepte les fusils mais fait des difficultés au moment de payer ; il entend déduire de la facture les sommes que Labatut — mort récemment d'un cancer — lui devait, et invite Rimbaud à se faire régler le reste par Makonen, le nouveau gouverneur de Harrar. Rimbaud fait donc route vers Harrar, en compagnie de l'explorateur Jules Borelli. Il parvient à se faire payer par Makonen, mais au total il n'a rien gagné sinon « vingt et un mois de fatigues atroces ». Il se rend en août au Caire afin de prendre quelque repos ; il est alors épuisé, vieilli, malade. « J'ai les cheveux absolument gris. Je me figure que mon existence périclite », écrit-il à sa famille, le 25 août. Il se plaint de rhumatismes et son genou gauche le fait souffrir. Il a cependant assez de courage pour faire paraître dans le journal *Le Bosphore égyptien* une étude traitant de l'intérêt économique du Choa. Cet intéressant travail sera transmis à la Société de Géographie.

Rimbaud songe un moment à se rendre à Zanzibar, puis à Beyrouth, mais finalement un procès, lié à l'affaire Ménélik, le rappelle en octobre à Aden où il tente encore, mais sans succès, de faire du commerce.

1888. — Rimbaud est à Aden au début de l'année. En mars, il accepte de convoyer une cargaison de fusils vers Harrar, mais il renonce à une seconde expédition. Peu de temps après, il fait la connaissance d'un important commerçant d'Aden, César Tian, qui lui offre un poste de représentation à Harrar. Rimbaud accepte, d'autant plus qu'il aura la possibilité de travailler pour son compte personnel.

Pendant trois ans, Rimbaud va se livrer à son harassant métier ; il importe, exporte, mène ses caravanes à la côte. Pourtant, il s'ennuie beaucoup et n'a pour relations que la petite poignée d'Européens fixés ou de passage dans le pays. Il entretient d'ailleurs avec eux une importante correspondance.

1891. — Rimbaud est atteint, en février, d'une tumeur au genou droit, tumeur cancéreuse aggravée par une ancienne siphylis. Le 15 mars, il ne peut plus se lever et doit se faire transporter à Zeilah sur une civière. Il s'embarque pour Aden d'où il écrit aux siens : « Je suis devenu un squelette : je fais peur. » Le 9 mai, il se fait rapatrier. Il arrive le 22 mai à Marseille où il est admis à l'hôpital de la Conception. Le mal est si grave que l'amputation immédiate de la jambe s'avère être nécessaire. La mère de Rimbaud accourt à Marseille le 23 mai. Le 25, l'opération a lieu. Rimbaud est désespéré. « Notre vie est une misère, une misère sans fin. Pourquoi donc existons-nous ? » écrit-il le 23 juin.

A la fin du mois de juillet, Rimbaud, qui en a assez de l'hôpital, retourne à Roche où sa sœur Isabelle le soigne avec dévouement. Cependant la maladie progresse et l'incite à revenir à Marseille où il compte sur les bienfaits du soleil et aussi sur la possibilité d'un retour en Afrique où ses amis l'appellent. Il arrive à Marseille à la fin août, en compagnie d'Isabelle qui l'assistera jusqu'à sa mort. Il doit aussitôt retourner à l'hôpital de la Conception. Son état empire ; il se désespère. Après une courte période de rémission, Rimbaud connaît plusieurs semaines d'atroces souffrances. Sa sœur, après de vaines tentatives, parvient à lui faire accepter la visite d'un aumônier qui en conclura bien légèrement à la foi du moribond. La veille de sa mort, il dicte, dans un dernier sursaut, une lettre adressée au directeur des Messageries maritimes : « Je suis complètement paralysé, donc je désire me trouver de bonne heure à bord, dites-moi à quelle heure je dois être transporté à bord. » Rimbaud meurt le 10 novembre. Il est âgé de trente-sept ans. Il sera enterré le 14 au cimetière de Charleville.

NOTES ET VARIANTES

POÉSIES

P. 21. — LES ÉTRENNES DES ORPHELINS

    * Texte de la *Revue pour tous* (2 janvier 1870).
    Poème écrit en 1869, très inspiré des *Pauvres Gens* de Victor Hugo, des *Enfants trouvés* de Coppée, de *L'Ange et l'enfant* de Reboul.

P. 24. — SENSATION

    * Texte du recueil Demeny (fac-similés Messein).
    Ce poème est daté « 20 avril 1870 » dans la lettre que Rimbaud adressa à Banville, le 24 mai 1870 ; quelques variantes.

P. 25. — LE FORGERON

    * Texte du recueil Demeny (fac-similés Messein).
    Rimbaud a remis un autre manuscrit à Izambard, où les variantes et suppressions sont nombreuses. Ce poème, qui chante les aspirations égalitaires du peuple, est très hugolien de ton.
    ** Dans le manuscrit Izambard, on lit « Tuileries, vers le 20 juin 1792 », date exacte à laquelle Louis XVI fut pris à partie par le boucher Legendre. Le 10 août 1792 vit la prise de la Bastille et la chute décisive de la royauté.

P. 30. — SOLEIL ET CHAIR

    * Texte du recueil Demeny (fac-similés Messein).
    Poème envoyé à Banville le 24 mai 1870, sous le titre *Credo in unam*. Le recopiant en octobre pour Demeny, Rimbaud en supprimera toute une partie. En écrivant cet hymne à l'amour universel, Rimbaud se souvient de Hugo, de Banville, de Leconte de Lisle et surtout de *Rolla* d'Alfred de Musset.

P. 35. — OPHÉLIE

    * Texte du recueil Demeny (fac-similés Messein).
    Poème envoyé à Banville le 24 mai 1870 ; quelques variantes. Rimbaud remettait souvent à Izambard, son professeur, des vers qu'ils épluchaient ensemble. « Cela commença avec la pièce *Ophélie*, sujet de vers latins, qu'il avait traité aussi en vers français. » Rimbaud se souvient certainement de *La Voie lactée*, poème de Banville qui célèbre Shakespeare par l'évocation d'Ophélie et de Juliette.

P. 37. — Bal des pendus

 * Texte du recueil Demeny (fac-similés Messein).
 Rimbaud se souvient de Gautier, de Banville et aussi de François Villon.

P. 38. — Le Chatiment de Tartufe

 * Texte du recueil Demeny (fac-similés Messein).
 Un fort anticléricalisme sous-tend ce poème.

P. 39. — Vénus Anadyomène

 * Texte du recueil Demeny (fac-similés Messein).
 Le réalisme impitoyable de ce poème annonce celui de *Mes Petites Amoureuses*.

P. 40. — Première Soirée

 * Texte du recueil Demeny (fac-similés Messein).
 Cette satire de l'amour mièvre et niais a été intitulé : *Comédie en trois baisers*, dans le manuscrit offert à Izambard ; *Trois Baisers*, dans la revue *La Charge* (13 août 70) ; enfin *Première Soirée*, dans le recueil Demeny. Quelques variantes successives.

P. 41. — Les Reparties de Nina

 * Texte du recueil Demeny (fac-similés Messein).
 Sur le manuscrit Izambard, le titre est *Ce qui retient Nina*. Quelques variantes.

P. 42.

 ** Ce quatrain ne figure que dans le manuscrit Izambard.

P. 43.

 *** Ce quatrain ne figure pas dans le manuscrit Izambard.

P. 44.

 **** Ce quatrain ne figure que dans le manuscrit Izambard.

P. 45. — A la musique

 * Texte du recueil Demeny (fac-similés Messein).
 Cette satire des bourgeois de Charleville est truffée de nombreuses variantes dans le manuscrit Izambard.
 ** Comprendre « employés de bureau ».
 *** Expression railleuse qui désigne les « grosses dames ».

P. 46.

 **** Izambard avait proposé de remplacer ce vers par :
 « — Et je sens les baisers qui me viennent aux lèvres... ».

P. 46. — Les Effarés

* Texte de la copie de Verlaine (fac-similés Messein).

Quelques variantes dans le recueil Demeny qui donne la date du « 20 sept. 70 ». Rimbaud demandera le 10 juin 1871 à Demeny de brûler tous les vers qu'il lui avait envoyés jusqu'alors. Il semble que ce poème ait échappé au reniement rimbaldien puisque le poète l'envoya peu après à Paul Verlaine qui y vit quelque chose de « gentiment caricatural et de si cordial ».

P. 47.

** « Tous » rime avec « trous » (rime parnassienne, pour l'œil).

P. 48. — Roman

* Texte du recueil Demeny (fac-similés Messein).

P. 49. — *Morts de quatre-vingt-douze...*

* Texte du recueil Demeny (fac-similés Messein).

Il semble que ce poème daté du 3 septembre 1870 soit en fait la transcription d'un poème écrit en juillet 70, au lendemain de la publication, dans le journal bonapartiste *Le Pays*, d'un article — signé Paul de Cassagnac — vantant les grands ancêtres («Morts de Valmy, Morts de Fleurus... ») au profit de l'empereur despote. Qu'on ait recours aux anciens martyrs pour justifier la future guerre de 70 (déclarée le 19 juillet), indigne Rimbaud.

P. 50. — Le Mal

* Texte du recueil Demeny (fac-similés Messein).

Rimbaud raille ici un Dieu qui, sourd aux souffrances, ne « se réveille » qu'au bruit de l'argent.

** L'uniforme des soldats français était rouge, celui des soldats prussiens vert.

P. 51. — Rages de Césars

* Texte du recueil Demeny (fac-similés Messein).

Ce poème évoque et raille Napoléon III, prisonnier des Allemands depuis Sedan. L'Empereur est le symbole de tous les oppresseurs, de tous les « Césars ».

** Pelouses du château de Wilhelmshohe où Napoléon est interné.

*** Le « Compère » est Émile Ollivier, ministre qui déclara la guerre à la Prusse le 19 juillet 1870.

**** Une des résidences impériales.

P. 51. — Rêvé pour l'hiver

* Texte du recueil Demeny (fac-similés Messein).

Ce poème a peut-être été inspiré par l'escapade de Rimbaud en Belgique, en octobre 1870.

P. 52. — Le Dormeur du val

* Texte du recueil Demeny (fac-similés Messein).

Poème inspiré par la guerre de 1870.

P. 52. — Au Cabaret-Vert

* Texte du recueil Demeny (fac-similés Messein).

Au cours de son escapade belge, Rimbaud a pu s'arrêter dans le cabaret appelé « La Maison verte », à Charleroi.

P. 53

** Ardennisme pour « apeure ».

P. 53. — La Maline

* Texte du recueil Demeny (fac-similés Messein).

P. 54. — L'Éclatante Victoire de Sarrebruck

* Texte du recueil Demeny (fac-similés Messein).

Cette piètre victoire, remportée sur les Prussiens le 2 août 1870, a été magnifiée par l'Empereur. Elle ne se réduit, pour Rimbaud, qu'à une ridicule image d'Épinal, proche sans doute de la gravure belge qui sert de prétexte à ce nouveau poème antinapoléonien.

** Boquillon est un personnage d'ahuri que l'imagerie d'Épinal a rendu célèbre.

P. 54. — Le Buffet

* Texte du recueil Demeny (fac-similés Messein).

P. 55. — Ma Bohème

* Texte du recueil Demeny (fac-similés Messein).

La fugue d'octobre a pu servir de point de départ à ce poème.

P. 56. — Les Assis

* Texte de la copie de Verlaine (fac-similés Messein) ; quelques virgules manquent, que nous avons rétablies.

Durant l'hiver 1870-1871, Rimbaud fréquente assidûment la bibliothèque de Charleville. Le bibliothécaire, raconte Verlaine, « maugréait de se lever pour ce gamin, et le renvoyait volontiers, de bouche, à ses peu chères études... »

Les « assis », ce sont les bureaucrates, les routiniers.

Dans ce poème, les néologismes abondent (v. 2 « boulus » est fondé sur boulures = excroissances à la base des plantes ; v. 3 « hargnosités » sur hargneux ; v. 10 « percaliser » sur percale).

P. 57. — Tête de Faune

* Texte de la copie de Verlaine (fac-similés Messein) ; ponctuation négligée.

La versification très souple de ce poème l'apparente aux *Poèmes saturniens* de Verlaine. Ce texte a été publié par Verlaine dans la revue *La Vogue*, en juin 1886.

P. 58. — Les Douaniers

* Texte de la copie de Verlaine (fac-similés Messein).

Poème envoyé à Verlaine en 1871.

Rimbaud et Delahaye — qui le raconte — faisaient souvent des incursions en Belgique pour s'approvisionner en tabac. Les fouilles frontalières bon enfant ont pu inspirer ce poème.

** Il s'agit vraisemblablement des troupes allemandes que Rimbaud oppose aux braves douaniers (« Ceux qui disent : Cré Nom »).

P. 58. — Oraison du soir

* Texte du manuscrit Léon Valade (Bibliothèque de Bordeaux). La copie de Verlaine (fac-similés Messein) contient quelques rares variantes.

Ce poème, qui décrit l'assouvissement des besoins naturels, a vraisemblablement été écrit à l'époque (fin 1870-début 1871) où Rimbaud se plaisait à provoquer les populations et à clamer son mépris pour l'ordre établi.

P. 59. — Le Cœur volé

* Texte de la copie de Verlaine (fac-similés Messein).

Ce poème a changé trois fois de titre. Envoyé à Izambard, le 13 mai 1871, sous le titre *Le Cœur supplicié*, il devient *Le Cœur du pitre* dans l'envoi à Demeny (10 juin 1871), avant de s'intituler *Le Cœur volé* dans la copie de Verlaine ; des variantes. « Arthur a fait dans *Le Cœur volé* une véritable confession de ses amertumes. L'ui qui se sentait "peuple", qui a participé au moins moralement à la Commune, il paraît bouleversé, dégoûté par l'attitude des soldats, leurs "quolibets", leurs "hoquets bachiques" » (Suzanne Bernard).

Pour Shoshana Felman (in *Littérature*, octobre 1973), ce poème « décrit explicitement une scène de viol homosexuel, dans une caserne militaire » et l'écriture y « est conçue comme un procès violent, — de viol, ou de vol — de sens : un procès de dépossession et d'expropriation du sujet ».

P. 60. — Chant de guerre parisien

* Texte de l'autographe de l'ancienne collection Alfred Saffrey.

Ce poème a été envoyé à Demeny dans la lettre du 15 mai 1871. C'est un vigoureux pamphlet contre Thiers, Picard et les Versaillais qui, depuis le 2 avril 1871, font pleuvoir des bombes sur la banlieue parisienne.

** Variante : « Quand viennent sur nos fourmilières ».

*** Jeu de mots ; avec la liaison, on comprend « zéros ».

**** Jules Favre, ministre des Affaires étrangères, a signé la capitulation avec Bismarck.

P. 61.

* Les « Ruraux » forment, à l'Assemblée nationale, le parti des riches propriétaires antirépublicains.

P. 61. — Mes Petites Amoureuses

* Texte de l'autographe de l'ancienne collection Alfred Saffrey.

Poème envoyé à Demeny le 15 mai 1871.

P. 62.

** Brillantine.

*** Gifles (ardennisme).

P. 63. — Accroupissements

* Texte de l'autographe de l'ancienne collection Alfred Saffrey.
Poème envoyé à Demeny le 15 mai 1871.
Comme dans *Oraison du soir*, Rimbaud décrit avec réalisme l'assouvissement des besoins naturels. La noblesse de l'alexandrin fait contraste.
** Pris de vertige (ardennisme).

P. 64. — Les Poètes de sept ans

* Texte de l'autographe de l'ancienne collection Alfred Saffrey.
Poème envoyé à Demeny le 10 juin 1871.
Izambard affirme que ce poème a été écrit à Douai en octobre 1870, peu après que Rimbaud eut reçu une lettre de sa mère le traitant de « petit drôle ». L'incompréhension maternelle provoque chez Arthur des sentiments mêlés de révolte et d'hypocrisie.
** Certainement la Bible.

P. 65

*** Cf. *Accroupissements*, p. 63.

P. 66. — Les Pauvres a l'église

* Texte de l'autographe de l'ancienne collection Alfred Saffrey.
Poème envoyé à Demeny le 10 juin 1871. Rimbaud s'attaque violemment à la religion et aux « pauvres » qui se soumettent à Dieu et aux puissants.
** Dorures.

P. 67.

*** Ce vers est faux ; nous le laissons tel quel. L'édition des *Poésies complètes*, 1895, l'a corrigé :
« Dehors, le froid, la faim, et puis l'homme en ribote : »
En 1939, dans son édition critique du *Mercure de France*, Bouillane de Lacoste a mis :
« Dehors, la nuit, le froid, la faim, l'homme en ribote ».

P. 68. — L'Orgie parisienne ou Paris se repeuple

* Texte des *Poésies complètes*, édition Vanier (1895).
Ce poème a été expédié en août 1871 à Verlaine. Il est paru pour la première fois en entier dans *La Plume* (15 septembre 1891). Verlaine semble l'avoir reconstitué de mémoire et progressivement amélioré ; quelques variantes. La guerre entre la France et l'Allemagne a pris fin, et les « hargneux pourris » en profitent.
** Allusion à la prise de Paris par les Allemands.

P. 70.

*** Vanier donne « clairon lourd ». Nous préférons, comme Berrichon, « clairon sourd ».

P. 70. — Les Mains de Jeanne-Marie

* Texte de l'autographe André Bertaut.
Le manuscrit a été découvert en 1919 par Raoul Bonnet. Ce poème est un

hommage à l'action des femmes de la classe ouvrière durant la Commune.

P. 71.

** Néologisme, pour « bleuités ».
*** Verlaine note « casseuses » au lieu de « ployeuses ».
**** Opposition entre chants républicains et chants religieux.

P. 72.

* Allusion à la répression versaillaise. « Il y eut environ 20 000 morts parmi les communards. Des convois de prisonniers furent dirigés sur Versailles : 150 à 200 par jour, liés main à main par rangs de quatre (cf. "Crie une chaîne aux clairs anneaux"). Ils étaient insultés et frappés par la foule des snobs et des élégants (d'où "En vous faisant saigner les doigts")» (Suzanne Bernard).

P. 72. — LES SŒURS DE CHARITÉ

* Texte de la copie de Verlaine (fac-similés Messein). Quelques omissions de virgules que nous avons rétablies.
Poème envoyé à Verlaine en août 1871.
Dans une lettre à Demeny, du 17 avril 1871, Rimbaud écrit : « Il est des misérables qui, femme ou idée, ne trouveront pas la sœur de charité. » Mais est-elle vraiment charitable, la sœur ici évoquée ?

P. 74. — LES CHERCHEUSES DE POUX

* Texte de l'édition des *Poètes maudits* (1888).
Il n'existe pas de manuscrit de ce poème.

P. 75. — LES PREMIÈRES COMMUNIONS

* Texte de la copie de Verlaine (fac-similés Messein).
Poème envoyé à Verlaine en août 1871. Rimbaud s'en prend à la femme et surtout à la religion qui change le naturel amour physique en illusoire amour mystique.
La sœur de Rimbaud, Isabelle a fait sa première communion en mai 1871.

** Pour « foireux ».

P. 77.

*** Du latin *nitidus*, brillant.

P. 78.

**** La copie de Verlaine donne « souffraient ». Nous corrigeons en « soufraient », plus satisfaisant.

P. 80. — LE JUSTE RESTAIT DROIT...

* Texte autographe de la collection Barthou. Ce texte ajoute une strophe à la copie que Verlaine a datée de juillet 1871. MM. Adam et Hartmann ont déchiffré cette strophe terminale pour l'édition des *Œuvres* de Rimbaud au

Club du meilleur livre (1957). Ce poème se compose peut-être des fragments d'une œuvre plus importante. Il ne porte pas de titre sur le manuscrit autographe. Jamais la révolte antichrétienne de Rimbaud n'a atteint une telle violence.

P. 81.

** Femelle d'un chien de chasse (ici, très péjoratif).
*** Chant de regret funéraire.

P. 82. — CE QU'ON DIT AU POÈTE A PROPOS DE FLEURS

* Texte de l'autographe adressé à Théodore de Banville, le 15 août 1871. Un billet accompagnait l'envoi : « Ai-je progressé ? ». La réaction de Banville à ce poème qui raille les thèmes parnassiens n'est pas connue.
** Symbole de la poésie surannée.
*** Défenseur de la cause royaliste.

P. 83.

* Lilas et violettes abondent dans la poésie parnassienne.
** Les Parnassiens aimaient les noms de fleurs et de plantes exotiques.

P. 84.

* Rimbaud détestait le célèbre dessinateur Grandville.
** Allusion aux poèmes nordiques et tropicaux de Leconte de Lisle.

P. 86.

* La « garance » est une plante qui fournit l'alizarine, substance colorante rouge. L'uniforme de l'armée française était rouge.

P. 87.

* « Tréguier, ville natale de Renan, et Paramaribo, ville de Guyane, résument les attaques du poème contre la poésie française conventionnelle et contre la poésie exotique non moins conventionnelle » (Suzanne Bernard).

P. 88. — LE BATEAU IVRE

* Texte de la copie de Verlaine.
Ce poème a été écrit à Charleville, peu avant le départ de Rimbaud pour Paris, à la fin du mois de septembre 1871.
Certains critiques pensent que cette œuvre n'est qu'une succession d'images écrite par un adolescent qui, n'ayant jamais vu la mer, s'inspire de ses lectures : *Le Voyage* de Baudelaire, des poèmes de Hugo et de Gautier, des romans de F. Cooper, *Vingt mille lieues sous les mers* de Jules Verne...
D'autres critiques veulent que *Le Bateau ivre* prophétise le destin voyageur de Rimbaud.
Étiemble estime, pour sa part, que le poème, « écrit en 1871 par un virtuose du pastiche et qui voulait se voir imprimé au *Parnasse contemporain*, développe tout uniment l'un des symboles favoris des parnassiens ». Cette constatation ne rend cependant pas compte de la force exceptionnelle d'une œuvre dans laquelle Yves Bonnefoy voit avec justesse « la victoire de la lucidité sur un premier élan de l'espoir ». Ruff est plus explicite lorsqu'il

considère *Le Bateau ivre* comme « un récit autobiographique » où la dérive exaltée symbolise l'espérance en une victoire prochaine de la Commune, la fin du poème traduisant une déception et ramenant aux rêves de l'enfance.

** « L'autre hiver » renvoie peut-être à la fugue de février 1871 considérée par Rimbaud « comme marquant sa rupture définitive avec l'ordre ancien » (Ruff).

*** Lanternes des ports.

P. 89.
  * Accalmies.

P. 90.
  * « Nous ne voyons pas d'autre signification à ces vers qu'un refus de croire au caractère irrémédiable de la défaite. Si abattu qu'elle l'ait laissé, Rimbaud garde l'espoir d'un réveil dans l'avenir » (Ruff).

P. 91.
  * Flaque d'eau (ardennisme).
  ** Selon Ruff, Rimbaud termine cette strophe de renoncement découragé par « une allusion à l'horreur que lui inspire l'impitoyable répression ».

P. 91. — VOYELLES
  * Texte de l'autographe donné à Émile Blémont, acheté par la Bibliothèque de Charleville en 1982.
  La copie de Verlaine (fac-similés Messein) donne deux variantes.
  « Moi qui ai connu Rimbaud, je sais qu'il se foutait pas mal si A était rouge ou vert. Il le voyait comme ça, mais c'est tout. » Le célèbre propos de Verlaine n'a pas empêché le sonnet des *Voyelles* d'être l'objet de multiples explications et commentaires.
  Certains critiques estiment que ce sonnet doit beaucoup aux ouvrages scientifiques traitant de l'« audition colorée ». D'autres défendent la thèse occultiste ; chaque couleur aurait une valeur symbolique. D'autres encore pensent que Rimbaud s'inscrit dans une lignée littéraire qui remonte aux « correspondances » baudelairiennes. Pour Suzanne Bernard, qui reprend une source indiquée par Gaubert en 1904, « le point de départ le plus probable pour ce poème, c'est l'abécédaire colorié que Rimbaud a dû, comme tout enfant, avoir entre les mains quand il apprenait à lire ».
  Robert Faurisson a proposé, en 1961, dans la revue *Bizarre*, une interprétation érotique du sonnet des *Voyelles*. « Les formes des voyelles suggèrent les "formes" de la "Femme" », écrit Faurisson qui pense que le poème est une « mystification érotique... tel est le secret que Rimbaud n'a jamais consenti à livrer, en dépit de la promesse du second vers ». Ce blason du corps féminin considéré de bas en haut doit s'interpréter *Vois-Elles*. La démonstration de Faurisson suscita un petit scandale et un abondant dossier de presse (cf. : *La Bibliothèque volante*, n° 4 — juillet 1971).
  Dans un ouvrage paru en 1968 et intitulé *Le Sonnet des Voyelles. De l'audition colorée à la vision érotique*, Étiemble fait un sort aux multiples

interprétations données et pense que le poème pourrait se résumer ainsi : « Après avoir sacrifié en deux vers idiots à la mode des voyelles colorées, Rimbaud s'oublie heureusement et se borne à grouper, entre l'image de la mort physique et celle du Jugement dernier, des objets noirs, blancs, rouges, verts ou bleus, tous on ne peut plus banals, sans aucun rapport avec les voyelles qu'ils illustrent ».

P. 91. — *L'ÉTOILE A PLEURÉ ROSE...*

   * Texte de la copie de Verlaine (fac-similés Messein).

   Ce quatrain — véritable blason du corps féminin — se trouve sur la même feuille que *Voyelles*.

P. 92. — LES CORBEAUX

   * Texte de *La Renaissance littéraire et artistique* paru le 14 septembre 1872 à l'insu de Rimbaud.

   Selon Antoine Adam, qui date ce poème de 1872, Rimbaud « médite sur sa défaite. Il la compare à celle de la France. Mais la sienne est définitive. C'est une *défaite de l'avenir* ».

DERNIERS VERS

P. 99. — MÉMOIRE

* Texte de l'autographe appartenant à l'ancienne collection Lucien-Graux.

Ce poème, qui part vraisemblablement d'une évocation de la Meuse, semble ensuite rappeler le départ définitif du père de Rimbaud en 1864.

P. 100.

** « Il est bien, lui, Rimbaud, ce "canot toujours fixe" ancré par le malheur de la mère dans la "boue" inconnue de l'inconscient névrosé » (Y. Bonnefoy).

P. 101. — MICHEL ET CHRISTINE

* Texte de *La Vogue*, n° 8 (1886).

** « Rimbaud annonce ce que sera la nouvelle Europe. L'image d'un couple apparaît. Pourquoi le poète appelle-t-il l'homme "Michel" et la femme "Christine" ? Dans l'*Apocalypse* le Christ-Agneau est évoqué, et aussi Michel qui combat le dragon. Le couple figurant la Gaule à venir est celui de l'homme qui terrasse le dragon du mal et de la femme dont le nom est apparenté à celui du Christ. » (J.-P. Giusto.)

P. 102. — LARME

* Texte du fac-similé Messein. Des variantes dans *La Vogue*, n° 9 (1886).

Ce poème est reproduit, avec de sérieuses différences, dans *Alchimie du Verbe*. C'est l'évocation d'un paysage en métamorphoses.

P. 102. — LA RIVIÈRE DE CASSIS

* Texte du fac-similé Messein. Variantes dans *La Vogue*, n° 9 (1886).

Selon Delahaye, Rimbaud a souvent parcouru la vallée qui va de Montthermé à Bouillon d'où l'on voit, dominant une rivière appelée la Semoy, le château de Godefroi. « Ce *donjon* moyenâgeux, aussi bien que la légendaire forêt des Ardennes au cœur de laquelle il se trouve, ont bien pu inspirer la tonalité médiévale et légendaire du poème » (Suzanne Bernard).

Pour J.-P. Giusto, « la rêverie à couleur historique naît dans un paysage sonore, propre à la naissance de toutes les apparitions ».

P. 103. — Comédie de la soif

* Texte du fac-similé Messein. Variantes dans *La Vogue*, nᵒ 7 (1886).
« A ses parents, qui l'invitent à boire les boissons conformistes et à vivre bourgeoisement, à ses amis de Paris qui l'invitent à boire le bitter et l'absinthe, le jeune poète oppose sa soif spirituelle, soif d'aventures, soif d'inconnu ; mais la fin du poème nous le montre déçu » (Suzanne Bernard).

P. 106. — Bonne pensée du matin

* Texte du premier fac-similé Messein. Un second fac-similé est sans ponctuation. Une version de ce poème est donnée dans *Une saison en enfer*.
Dans une lettre adressée à Delahaye, datée « Parmerde, Jumphe 72 » (comprendre : « Paris, Juin 72 »), Rimbaud dit son amour de l'aube parisienne : « Plus de travail. Il me fallait regarder les arbres, le ciel, saisis par cette heure indicible, première du matin ».
Mais Antoine Fongaro, qui estime (dans « Obscène Rimbaud », *Studi francesi*, janvier-avril 1976) que « tant que les commentateurs ne verront pas la composante obscène dans les textes masqués de celui qui a tout de même écrit en clair un assez grand nombre de *stupra*, ils se condamneront à délirer », avance que ce poème n'a rien à voir avec le lever du jour, que le « sommeil d'amour » fait référence à l'expérience homosexuelle avec Verlaine et que « Ouvriers » et « Amants » sont à mettre sur le même plan.

P. 107. — Fêtes de la patience
Bannières de mai

* Texte du fac-similé Messein. Dans les *Poésies complètes* (1895), Vanier a suivi un second manuscrit intitulé *Patience* ; quelques variantes.
Yves Bonnefoy tient ce poème pour « l'extase du malheur, celle qui fait sa joie de son propre vide ».

P. 108. — Chanson de la plus haute tour

* Texte du fac-similé Messein. Des variantes dans *La Vogue*, nᵒ 7 (1886).
Deux strophes de ce poème d'espoir ardent et anxieux sont citées dans *Une saison en enfer*.

P. 109. — L'Éternité

* Texte du fac-similé Messein. Variantes dans *La Vogue*, nᵒ 7 (1886).
Les cadences presque immatérielles de ce poème — dont une version est donnée dans la *Saison* — « semblent baignées de béatitude mais résonnent dans un espace où règne le vide absolu » (Ruff).

P. 110. — Age d'or

* Texte du fac-similé Messein. Variantes dans *La Vogue*, nᵒ 7 (1886).
« De l'approche de l'inconnu ce poème admirable est sûrement le moment extrême » écrit Yves Bonnefoy qui pense que Rimbaud a trouvé dans les chansons de ses sœurs « ces mots de la poésie naïve qui savent dire si bien les réalités absolues ».

P. 112. — Jeune ménage

* Texte du fac-similé Messein.

Le « jeune ménage » semble désigner Rimbaud et Verlaine.

** Le « malin rat » est certainement Mathilde, femme de Verlaine, que son mari surnomme d'ailleurs « princesse souris ».

P. 113. — Bruxelles

* Texte de *La Vogue*, n° 8 (1886).

« Dans *Bruxelles*, Rimbaud indique quelle est la technique qui fournit le poème : "La Juliette, ça rappelle l'Henriette", et plus bas "Fenêtre du duc qui fais ce que je pense" : la technique de l'association libre sur les mots et les choses est ainsi clairement définie. Il n'y a nulle autre logique à découvrir dans ce poème, si ce n'est la nécessité subjective qui entraîne Rimbaud à tisser à partir de ce qu'il voit un nouveau monde. Tout prend sens et valeur dans le rapport aléatoire qui s'établit entre les impressions de l'instant et les souvenirs les plus divers » (J.-P. Giusto).

Il faut remarquer que ce poème est indûment intitulé *Bruxelles*, car la mention de la capitale belge apparaît sur le manuscrit Berès comme une simple indication de lieu.

P. 114. — Est-elle almée ?...

* Texte de l'autographe de l'ancienne collection Lucien-Graux.

Après avoir rappelé la définition que le Littré donne de « Almée » (« Danseuse indienne. *Eym.* arabe, *âlmet*, savante, de *Alam*, savoir ; parce que ces femmes ont reçu de l'instruction dans la poésie, le chant et la danse »), Atle Kittang suggère : « Non seulement le mot cache, par anagramme, l'adjectif latin *almus* et, par conséquent, la notion de l'*alma mater* ; mais le mot contient en même temps, par son sens et son étymologie propres, l'idée d'un être féminin qui est à la fois danse, poésie, et savoir suprême. »

P. 114. — Fêtes de la faim

* Texte du manuscrit de la fondation Bodmer.

Une version de ce poème est donnée dans *Une saison en enfer*, sous le titre *Faim*.

« Le minéral n'est pas la seule nourriture du poète, il faut encore y joindre le végétal. Végétal et minéral s'appellent toujours dans la poésie de Rimbaud : la dynamique ouranienne de la métamorphose va par la minéralisation du végétal conduire à l'assomption lumineuse » (J.-P. Giusto).

P. 115. — Entends comme brame...

* Texte du *Reliquaire* (1891)

Berrichon a donné à ce poème le titre *Silence*.

J.-P. Giusto estime que « *Entends comme brame* marque la rupture entre Rimbaud et les leçons poétiques de Verlaine ». Se faisant plus explicite, Philippe Bonnefis (in *Littérature*, octobre 1973) convie à « repérer la greffe qui joint, comme par une ligature, le texte de Rimbaud à l'œuvre de Verlaine, et par quoi celui-ci entaille ou plutôt *intaille* celle-là, la grave en creux et l'écrit à rebours », et il conclut ainsi : « Une rupture textuelle a, en quelque sorte, précédé ou préparé une rupture biographique ».

P. 116. — *Ô SAISONS, Ô CHÂTEAUX...*

* Texte du manuscrit Pierre Berès.

Une autre version de ce poème, qui chante la poursuite du bonheur, se trouve dans *Alchimie du Verbe*.

Le vers 7 a certainement un sens priapique.

P. 117. — *QU'EST-CE POUR NOUS, MON CŒUR...*

* Texte de *La Vogue*, n° 7 (1886).

« C'est le poème de l'anarchisme complet, de la révolte totale contre ce qui est — avec, au bout, le réveil : "Ce n'est rien ! j'y suis ! j'y suis toujours !" » (Suzanne Bernard).

** Allusion aux meurtres versaillais durant la Commune.

P. 118. — HONTE

* Texte de *La Vogue*, n° 8 (1886).

Rimbaud « s'exprime en tant qu'objet, à la troisième personne, dans un aparté faussement consentant qui pousse la logique du supplice jusqu'à l'automutilation » (P. Brunel).

UNE SAISON EN ENFER

P. 125. — *****

* Texte de l'édition originale (éditeur Poot et Cie, Bruxelles, 1873).

La critique pense en général que ce prélude a été écrit après le drame de Bruxelles, hypothèse contestée par Ruff. Quoi qu'il en soit, Rimbaud établit ici un point de rupture d'ordre esthétique et social.

** Comprendre : « contre l'apparente et fausse justice ».

*** *La Sorcière* de Michelet, que Rimbaud a lu, symbolise l'être que l'ordre social condamne.

**** Dans *L'Éclair*, Rimbaud écrit : « Sur mon lit d'hôpital, l'odeur de l'encens m'est revenue si puissante... ». S'agit-il de l'hôpital de Londres ou de Bruxelles ? Cf. la notice.

***** Le retour à la foi et à la charité chrétienne est jugé impensable par Rimbaud.

P. 126. — Mauvais sang

* Ce texte — qui justifie le titre « Livre païen ou livre nègre » — s'inspire au départ de *La Sorcière* de Michelet, livre paru en 1862 et qui montre le peuple cherchant dans le paganisme ses moyens de lutte contre le christianisme. « Païen » ou « nègre », Rimbaud veut retrouver un état d'innocence édénique, loin de l'hypocrite civilisation occidentale.

P. 129.

** Dans cette partie, Rimbaud semble évoquer ses rêves d'enfance, son voyage de février 1871 à Paris, les incendies de la Semaine sanglante.

P. 130.

*** Ancêtre de la race noire.

P. 131.

**** Refus définitif du christianisme.

P. 132. — Nuit de l'enfer

* Ce texte s'intitulait d'abord « Fausse conversion ». Certains pensent qu'il a été écrit après les journées d'hôpital bruxellois. Il pourrait aussi bien relater les semaines infernales de Londres. De toute façon, l'essentiel, pour Rimbaud, est de sortir de l'enfer « auquel le condamne la foi de son enfance tant qu'il ne l'a pas remplacée par un autre moyen de salut » (Ruff).

** Ce « poison » semble symboliser les forces du mal plutôt que la foi chrétienne.

P. 133.

* Condamnation probable de l'influence de Verlaine.

** Citation qu'on retrouve dans un dixain de Verlaine intitulé « Lunes ».

*** Les paysans ardennais appelaient le diable Ferdinand.

P. 134.

* Aveu d'échec.

P. 134. — Délires (I)

* Pour la plupart des critiques, ce texte éclaire la vie commune que menèrent en Angleterre Verlaine (« Vierge folle ») et Rimbaud (« l'Époux infernal »). Il aurait été écrit après la rupture des deux poètes, et Rimbaud y ferait fictivement parler Verlaine. Mais Ruff pense qu'« une seule interprétation rend compte du texte entier : celle qui fait de la Vierge folle l'âme du premier Rimbaud, soumise et tournée vers Dieu, mais qui, comme dans la parabole, n'avait pas la réserve d'huile suffisante, et qui est maintenant entraînée par le Rimbaud libéré, devenu pour elle l'Époux infernal ».

P. 139. — Délires (II)

* Dans ce texte, où s'intercalent des poèmes de 1872, Rimbaud condamne sa tentative de voyant et en rappelle les diverses phases.

P. 145. — L'Impossible

* Dans ce texte, Rimbaud dénonce la dégradation occidentale pour magnifier « la sagesse première et éternelle » de l'Orient.

P. 147. — L'Éclair

* « Tout le texte est fait d'élans brusquement interrompus, de reviements, de cris de révolte et de soupirs de lassitude » (S. Bernard).

P. 148. — Matin

* D'après Ruff, le titre de « Matin » souligne la volonté de Rimbaud « d'affirmer sa foi en un avenir meilleur. Mais ce texte bref est chancelant d'incertitude ».

P. 149. — Adieu

* Rimbaud dit « adieu » à sa tentative de voyant. Il dit peut-être également « adieu à Verlaine (cf. "vieilles amours mensongères") ». En tout cas, délivré de maintes illusions, le poète achève sa « saison » sur une note d'espoir.

P. 150.

** Rimbaud en appelle ici à une justification totale de son être.

ILLUMINATIONS

P. 161. — Après le Déluge

  * Texte du manuscrit Graux.

S'agit-il bien ici d'un déluge purificateur ? Il n'apporte en tout cas qu'« ennui » et déception. La Genèse désirée s'autodétruit, comme dans maintes autres *Illuminations*.

P. 162. — Enfance

  * Texte du manuscrit Graux.

« *Enfance* doit être compris comme le poème d'un passage angoissant, entre une enfance dont Rimbaud se sent forclos et la vie d'adulte dont il a capté déjà, de loin, les menaces de mort » (Albert Py).

P. 165. — Conte

  * Texte du manuscrit Graux.

Selon Étiemble, « Rimbaud résume son histoire », celle de la rencontre qui, dans un fulgurant éclair, lie le Prince-Poète à son Génie. Mais pour Ruff, « *Conte* se réfère assez explicitement au thème de la transformation de la société et semble confirmer que pour Rimbaud (comme pour Breton) cette transformation doit se réaliser d'abord par "d'étonnantes révolutions de l'amour" ».

P. 166. — Parade

  * Texte du manuscrit Graux.

Que ce poème s'inspire d'un spectacle forain donné à Charleville (version Delahaye) ou d'une cérémonie vue à Milan en 1875 (version Adam) importe peu. Toute sa force réside dans la provocation de la phrase finale.

P. 166. — Antique

  * Texte du manuscrit Graux.

Pour Albert Py, « il s'agit de la vision d'une statue, faune et hermaphrodite à la fois, recréée sans doute à partir de souvenirs de musées, de jardins publics et de lectures ».

P. 167. — Being Beauteous

  * Texte du manuscrit Graux.

« Cet "Être de Beauté" est une *vision* qui peu à peu se précise, un corps merveilleux que le poète aperçoit à mesure qu'il le crée » (Étiemble et Y. Gauclère).

P. 167. — ***

* André Guyaux (in *R.H.L.F.*, septembre-octobre 1977) a montré que ce texte n'est pas le dernier paragraphe de *Being beauteous*, mais un poème à part entière, si court fût-il.

P. 167. — Vies

* Texte du manuscrit Graux.
« A chaque être, plusieurs autres vies me semblaient dues » *(Alchimie du Verbe)*. Rimbaud rêve à des vies possibles, évoque sa vie présente et passée.

P. 168.

** Le manuscrit donne bien « CAMPAGNE » et non « COMPAGNE » comme on a parfois préféré le lire.

P. 169. — Départ

* Texte du manuscrit Graux.
Adieu au passé mort et salut à une vie nouvelle.

P. 169. — Royauté

* Texte du manuscrit Graux.
S'agit-il du poète et de son âme qui veut être « reine » (version Delahaye) ? Y a-t-il « une allusion cryptique à l'épisode éphémère de la Commune » (version Ruff) ?

P. 169. — A une raison

* Texte du manuscrit Graux.
La « Raison » chantée par Rimbaud est celle « qui donnera à l'humanité des lois nouvelles, et engendrera bonheur et progrès » (Suzanne Bernard).

P. 170. — Matinée d'ivresse

* Texte du manuscrit Graux.
Considéré par Ruff comme une « suite lyrique de l'*Adieu* narratif de la *Saison* », ce poème s'inspirerait, pour certains critiques, d'une expérience de haschisch. Jean-Pierre Giusto estime plus simplement que « *Matinée d'ivresse* proclame une révélation de l'instant dont Rimbaud affirme le caractère définitivement initiatique : une porte s'est ouverte, l'aveugle a vu, le sourd entendu, le passage est conquis de notre monde à un monde enfin surhumain ».
** Instrument de torture.
*** Réduire le mot « Assassins » au seul sens d'« Hachischins » (buveurs de hachisch) contribue à trahir un texte qui doit être compris « littéralement et dans tous les sens ».

P. 171. — Phrases

* Texte du manuscrit Graux.
Pour Antoine Adam, ce poème est fait de deux poèmes d'inspiration différente (le second commençant à « Une matinée couverte »). De fait, les feuillets du manuscrit sont bien distincts.

P. 172. — Ouvriers

* Texte du manuscrit Graux.
« Le monde prolétarien marque le monde de l'exil : hors du luxe, de la sécurité de la mère » (J.-L. Steinmetz, dans *Littérature*, octobre 1973).

P. 173 — Les Ponts

* Texte du manuscrit Graux.
« Le poème *Les Ponts* peut se décrire comme une tentative de dépasser la simple notation par la construction », estime Jean-Pierre Giusto qui explique ainsi la fin du texte : « Le "rayon blanc" est métaphorique du trait de plume qui raie le poème. En dénonçant la comédie, Rimbaud la poursuit, puisque pour détruire son image il fait intervenir un nouvel élément de celle-ci. Telle est l'ironie du créateur face à sa décevante création. »

P. 173. — Ville

* Texte du manuscrit Graux.
S'agit-il d'une ville de rêve ou d'un rêve de la modernité sous-tendue par l'image dynamique de la métropole londonienne ?

P. 174.

** Pour « mènent ».
*** Déesses de la vengeance. (Orthographe fautive de Rimbaud.)

P. 174. — Ornières

* Texte du manuscrit Graux.
Le souvenir d'un cirque américain « fourvoyé à Charleville » (Delahaye) aurait-il servi de point de départ à ce poème très visionnaire ?

P. 174. — Villes

* Texte du manuscrit Graux.
Ce poème devait être le second dans l'ensemble de deux textes intitulé *Villes*. Mais Rimbaud a finalement biffé le chiffre romain II présent sur le feuillet manuscrit. J.-P. Giusto résume ainsi le poème : « après une série d'évocations de fêtes de l'homme dans ses mythes et de fêtes de l'univers, Rimbaud désigne ces régions retrouvées comme le cadre du "travail nouveau" qui attend l'homme réconcilié avec le rêve, le désir ».

P. 176. — Vagabonds

* Texte du manuscrit Graux.
Suzanne Bernard estime que « ce poème fait allusion, manifestement, à Verlaine, qui s'était d'ailleurs reconnu dans le "satanique docteur" du second paragraphe ». Jean-Luc Steinmetz propose, pour sa part, une lecture moins anecdotique : « Nous sommes situés dans l'exil volontaire loin de la société,

la petite chapelle ésotérique, finalement l'impossibilité de se sortir de la condition d'errants avec, cependant, une impatience qui se fie à l'intuition personnelle. »

P. 176. — VILLES

* Texte du manuscrit Graux ; copie de la main de Germain Nouveau.
Le chiffre romain I qui figure sous le titre, dans le manuscrit, indique que ce poème devait ouvrir l'ensemble *Villes*.
** Il s'agit de divinités hindoues. Le mot « Brahmas » surcharge le mot « nababs » (employé plus loin) dans le manuscrit. C'est la pertinente leçon tirée par André Guyaux dans son article *A propos des Illuminations* (*R.H.L.F.*, septembre-octobre 1977).

P. 177.

*** « cents » au sens de « centaines ».

P. 178. — VEILLÉES

* Texte du manuscrit Graux.
Dans son article *Les Trois Veillées* (*Studi francesi*, mai-décembre 1978), André Guyaux écrit : « Chaque texte est une veillée, chaque veillée un texte et le temps qui sépare l'état du veilleur de l'écriture du texte s'amenuise en telle sorte que *ceci*, dans le premier texte, peut désigner ce que l'écrivain vient d'écrire aussi bien que ce que le veilleur vient de vivre. »
** Entrepont d'un navire (mot anglais).

P. 179. — MYSTIQUE

* Texte du manuscrit Graux.
Un véritable « tableau » a-t-il servi de point de départ au poème ? En tout cas, « le titre du poème dit suffisamment les grandes lignes de son inspiration : à la fois l'élévation et l'unité » (J.-P. Giusto).

P. 179. — AUBE

* Texte du manuscrit Graux.
Hymne érotisé à la nature.
** Signifie « chute d'eau », en allemand.

P. 180. — FLEURS

* Texte du manuscrit Graux.
Poème alchimique pour Enid Starkie, vision d'un Rimbaud couché dans l'herbe au bord d'un étang pour Delahaye, évocation théâtrale pour Suzanne Bernard, *Fleurs* évoque pour Étiemble « des fleurs, tout simplement, mais tout poétiquement ».

P. 180. — NOCTURNE VULGAIRE

* Texte du manuscrit Graux.
« Vulgaire ? accessible à tous les fumeurs de haschisch, sans doute. Le titre a le même tour dépréciatif que les *Paradis artificiels* de Baudelaire » estime

Albert Py. Mais ne pourrait-il pas s'agir tout aussi bien d'hallucinations cauchemardesques ?

** Nom biblique de Jérusalem.

P. 181. — MARINE

* Texte du manuscrit Graux.
« Rimbaud compose une "marine" et le poème évoque irrésistiblement une toile de Turner » (J.-P. Giusto).

P. 181. — FÊTE D'HIVER

* Texte du manuscrit Graux.
Rimbaud se donne une fête où nos référents habituels n'ont plus de sens.

P. 182. — ANGOISSE

* Texte du manuscrit Graux.
« *Angoisse* situe entre des désastres anciens et des désastres nouveaux un espoir fallacieux et déjà dépassé, qui n'est qu'une autre manière de torturer » (P. Brunel).

P. 182. — MÉTROPOLITAIN

* Texte du manuscrit Graux.
« Chemin de fer souterrain ou aérien, le métropolitain du titre correspond bien plutôt au fil conducteur du poème, à l'itinéraire au cours duquel, s'organise progressivement la vision d'une ville recréée poétiquement » (A. Py).
** Ancienne ville de Palestine.

P. 183.
*** Indiens de l'Amérique du Sud.

P. 183. — BARBARE

* Texte du manuscrit Graux.
« L'arrachement à notre monde est pleinement réalisé dans *Barbare*. La distance, le pas gagné sont signalés à plusieurs reprises dans le poème : deux fois en son début, avec en alternance la même phrase poétique qui fixe le nouveau lieu détaché de l'ancien, une troisième fois en écho assourdi alors que Rimbaud évoque les noces du feu et de la glace révélatrices d'un cosmos qui brûle "pour nous". Le poème est celui de l'extase : le nouveau corps amoureux a éclaté, plus rien ne s'oppose à la communication avec les forces délirantes qui président à l'harmonie du monde » (J.-P. Giusto).

P. 184. — PROMONTOIRE

* Texte du manuscrit Guelliot (Bibliothèque de Charleville).
Rimbaud s'adonne à la magie d'une géographie toute personnelle.
** Sanctuaire, en latin.
*** Les bateaux de pêche qui rentrent au port comme en processions (sens grec).
**** Digues (mot anglais).

P. 185. — Scènes

* Texte de *La Vogue*, n° 7 (1886), corrigé par Bouillane de Lacoste d'après le manuscrit Berès.

« *Scènes* se présente comme une majoration de l'effet théâtral. Si l'"ancienne Comédie" est au point de départ de la rêverie, le poème, lui, crée la nouvelle comédie. Par là le rêve sur la fête dépasse ce que celle-ci peut avoir de mesquin, par là s'esquisse une rêverie sur l'homme dans son universelle comédie » (J.-P. Giusto).

** Signifie « jetée », en anglais.

P. 185. — Soir historique

* Texte de *La Vogue*, n° 7 (1886).

« Dans *Soir historique*, qui pourrait être "le Grand Soir" dont rêvent les révolutionnaires, un "Non" violent oppose le dernier paragraphe aux quatre premiers comme la Révolution à l'ordre bourgeois, mais aussi comme une poétique du réel à la poétique de la Voyance » (Albert Py).

P. 186.

** Nom de trois Vierges qui représentent le passé, le présent et l'avenir.

P. 186. — Bottom

* Texte du manuscrit Berès.

Le titre primitif, *Métamorphoses*, a été barré sur l'autographe. Le titre anglais est peut-être une allusion au Bottom du *Songe d'une nuit d'été*, qui se trouve métamorphosé en âne. Robert Faurisson voit dans ce poème « un rêve et un réveil érotique ».

P. 187. — H

* Texte de *La Vogue*, n° 8 (1886).

Pour André Guyaux, « Hortense » n'est qu'un sobriquet plus ou moins gratuit, et le mot de l'énigme de *H*, c'est l'« Habitude » — façon de désigner l'onanisme.

P. 187. — Mouvement

* Texte du manuscrit Berès.

« *Mouvement* est un poème de l'éveil de l'esprit : c'est vers le haut que Rimbaud s'arrache et s'évade et il réussit à entraîner l'humanité tout entière dans cette évasion — l'humanité avec tous ses soucis, toutes ses préoccupations, tout son passif et tout son actif. Le chapelet des mots met en déroute l'assiette de la phrase : il s'agit de tout dire et d'arracher tout à toutes les pesanteurs, y compris les pesanteurs logiques » (J.-P. Giusto).

** Pièce qui sert de support au gouvernail.

P. 188. — Dévotion

* Texte de *La Vogue*, n° 8 (1886).

Pour Georges Pomet (dans *Revue des Sciences humaines*, janvier-mars 1969), ce poème représente « une sorte de parodie sacrilège qui serait en réalité la masturbation "sacralisée" ». Robert Faurisson en souligne le caractère érotique, tandis que d'autres le relient aux poèmes du hachisch.

** « L'une des plus mystérieuses passantes qui traversent les *Illumina-tions* », écrira André Breton dans *Flagrant Délit*.
*** Mot anglais qui signifie « amadou ».

P. 189. — Démocratie

* Texte de *La Vogue* n° 8 (1886).
« Démocratie ? Par antiphrase » note Albert Py.
Il convient de remarquer que le texte est encadré de guillemets, comme s'il reproduisait un discours.

P. 189. — Fairy

* Texte du manuscrit Graux.
** « Le nom d'Hélène peut bien représenter toute la beauté du monde cristallisant autour de la beauté d'une femme (puisque Hélène de Troie était le symbole de la beauté féminine) », note Suzanne Bernard.

P. 189. — Guerre

* Texte du manuscrit Graux.
« Cette guerre échappe aux contingences historiques. Elle correspond à une nécessité absolue, et c'est pourquoi elle peut être dite "de droit" (P. Brunel).

P. 189.

** Comprendre : « se mirent en mouvement ».

P. 190. — Jeunesse

* Texte du manuscrit Graux, pour le premier paragraphe. Texte du manuscrit de la collection Bodmer, pour les trois autres paragraphes.
Le poète est pris entre l'accablement et la résolution.
** Pour André Guyaux, le titre *Sonnet* s'explique par la disposition du texte manuscrit en quatorze lignes.

P. 192. — Solde

* Texte du manuscrit Graux.
« La métaphore commerciale signifie la dégradation en objets finis, inertes, dépareillés, des ambitions initiales » (Yves Bonnefoy).

P. 192. — Génie

* Texte du manuscrit qui appartient à Pierre Berès.
Dans *Génie*, Rimbaud « s'est décrit comme dans nul autre poème » (René Char), mais pour Pierre Brunel, « la prophétie semble déçue avant même d'avoir été réalisée ».

TABLE

DERNIERS VERS

Table 283

UNE SAISON EN ENFER

ILLUMINATIONS

Table 285

COMMENTAIRES

Composition réalisée par C.M.L., Montrouge

IMPRIMÉ EN FRANCE PAR BRODARD ET TAUPIN
Usine de La Flèche (Sarthe).
LIBRAIRIE GÉNÉRALE FRANÇAISE - 6, rue Pierre-Sarrazin - 75006 Paris.
ISBN : 2 - 253 - 03439 - 8